大夏

大夏书系·学校领导力

做可推广的教育

顾明远：一部生动的三十年教育口述史

韩园林 著

华东师范大学出版社
全国百佳图书出版单位

目录
CONTENTS

序　一部生动的三十年教育口述史 / 顾明远　　001

上编
可推广的教育理念

在各种场域中发展学生个性　　003
美国加州基础教育启示及借鉴　　007
怎样成为高效的老师　　014
走进学生的心灵　　019
如何培养学生的创造能力　　023

中编
可推广的学校建设

提升校长课程领导力　　029
怎样让学校文化建设更有"文化"　　032

关注师生成长，促进和谐教育	036
创新教育管理　促进学校优质持续发展	040
以创新精神开展德育研究与改革	048
成全每一个"大写的人"	054
深港交流：开拓学校内涵发展新路径	061

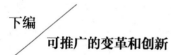

下编
可推广的变革和创新

区域德育发展规划的研制与实践	067
农村城市化进程中基础教育德育现状与变革研究	073
整合资源促进区域基础教育优质发展	117
以和谐教育理念引领龙岗基础教育现代化	121

义务教育高位优质均衡发展路径探析	130
区域国际化学校建设与发展初探	138
推进龙岗基础教育国际化发展新路径	143
深圳市龙岗区职业教育多元化发展的机遇与挑战	153
区域教育发展的改革创新与实践	156
深圳市龙岗区政府资助学校改革的实践与探索	165
区域教育治理现代化的龙岗路径	177
创新区域办学水平评估工作新模式	183
附录 母亲的回忆	187
后记 且行且思 不忘初心	193
编辑手记 / 朱永通	197

序
一部生动的三十年教育口述史

我校教育培训学院的负责人送来深圳市龙岗区教育局韩园林同志的大作《做可推广的教育》，并希望我写几句话。我与韩园林同志素不相识，但龙岗区我去过多次，上个世纪九十年代初还帮助他们讨论过教育发展规划，亲眼看到龙岗教育的发展壮大。读了韩园林的大作，才知道他是从四川引进的优秀人才，从教师到校长再到局长，为龙岗的教育做出了贡献。

韩园林原本是四川雅安的历史教师，做过班主任，到深圳龙岗后逐步走上了教育工作的领导岗位。他的大作讲述了他从教三十年来的种种经历，讲述了从教师到校长、到局长的许多教育故事，是一部生动的三十年教育口述史。

从书中讲的故事可以看到，韩园林善于思考，在教学中不拘泥于课本中的知识，关注学生思维培养、学识增长；在学校管理上注重校长领导力，重视学校的文化建设、学生的道德养成、师生的民主和谐；在局长岗位上重视教育资源的均衡配置，推进教育国际化、现代化的进程。总之，他是在不断地思考，不断地践行。

教育局长的这种行与思实在难能可贵。如果没有点教育情怀是做不到的，没有点创新精神也是做不到的。教育是国家社会的重要事业，关系到国家兴衰、民族未来、儿童成长、家庭幸福。我国教育有了重大的发展，取得了举世瞩目的成绩，但是教育领域内还有许多问题，促进教育公平，提高教育质量，任重而道远。教育工作者需要认识到自己的重大使命，像韩园林那样，不断思考、不断探索、不断创新，把我国的教育越办越好。

我就写这样几句。

2016年12月25日

上　编
可推广的教育理念

素质教育的第一要义是面向全体学生。

在各种场域中发展学生个性

不久前，我们赴美国加州进行了为期三个月的学习，通过深入到九所中小学听课并与这九所中小学的校长及教师交流，对这里的学校文化留下了一些印象。

一、清晰具体的行为守则

学校的管理涉及很多方面，我们选取学校管理中与学生紧密相关的行为守则来观察制度文化。行为守则是学校对学生的行为期待。如圣约翰路德教会学校（St.John's Lutheran School）的着装条例，从衬衣、短裤、裙子、鞋子、袜子如何穿，到鞋带、皮带如何系，再到皮带的颜色、皮带扣的样式、头发长短、女同学的头饰都一一作了说明；允许七年级以上的女孩子适度着妆，允许学生手腕上有饰品，但学生每只手腕上的饰品不得超过两个；同时还允许学生在特定日子不穿校服，只要遵守相关条例。对违反校纪校规的后果也有非常具体明确的规定。

同时，学校还鼓励学生参与制定行为守则。在南湖中学（South Lake School）的一节课上，教师提出两条规则："尊重他人学习的权利；要别人怎样对待你，你就要怎样对待别人。"然后限定时间，让学生讨论怎样才能实现这两条规则，最后把学生讨论的结果写出来贴在教室前面。这样既培养了学生的归属感，又让学生觉得自己受到了重视。美国一些学校认为，行为就是做出选择，不同的选择有不同的后果，学校要教会学生做出正确选择的技巧。因此，在维持课堂纪律上有一些非常有特色的做法，如提供正面的选择，课堂上老师说得最多的是"你应该……"，而不是"不要……"；鼓励好的行为，重视传授社交技巧，教学生如何理解他人情感和恰当地表达自己的情感等。

二、尊重学生个性的校训

一个学校的校训往往是这个学校核心价值的外在表现。参观过程中美国尔湾学区一些有代表性的学校校训，给我们留下了极深的印象。如特萨罗高中（Tesoro High School）的校训是："帮助所有学生把潜能发挥到最大，把学生培养成为有效的交流者，具有合作精神的合作者，受人尊敬的有责任感的公民，独立的学习者。"波尔图拉中学（Portola Middle School）的校训是："我们相信，所有学生都有权利不受限制地学习和取得成绩。我们将为学生提供一个富有挑战性、支持性、促进发展的环境。学生可以从这样的环境中获得学业、人际关系、行为习惯、技术技能，使他们成为主动的、有创造力的问题解决者。"特比克·希尔斯高中（Trabuco Hills High School）的校训是："为了使学生适应不断变化的世界，通过创造一个动态变化和充满多样性的育人环境，为学生提供必要的知识准备及必要的社交技巧，使他们能成为终身学习者和对社会有用的公民。"

从这些校训中，我们可以察觉到学校所提倡的氛围主要有如下特点：强调培养学生的各种能力，如交际能力——学会合作、学会交流、相互尊重；问题解决能力——独立、自信、创造力；公共精神——自律、相互尊重、有责任感。表面来看，这些学校所关注的侧重点似乎不同，实际上都只有一个目的——充分发展学生的个性。

三、开放互动的课堂教学

每个学生都有平等的机会参与全部教学活动，表达个人的意见。如阿拜丁·基督·路德教会学校（Abiding Savior Lutheran School）的一节科学课，这节课的内容是科学研究的方法，让学生用科学研究的一般模式解决问题，即提出问题—收集数据—做出假设（猜想）—设计实验—验证猜想。老师课前让学生自己提出一个问题并用这一模式解决它。于是，学生以小组为单位在课前进行了充分的准备，上课时纷纷把自己小组所解决的问题通过幻灯片、录像等形式展示出来。每一小组讲解完后，下面的学生自由地向他们提出各种问题。做展示的同学不仅要清楚地解释自己的研究成果，还要捍卫自己的观点。这一过程中学生既要有批判性的思考，又要尊重他人，学会与他人分享、合作。

在称呼上，学生对教师通常是以姓名来称呼，教师辅导学生时，或站或坐甚至跪着与学生交流。学生可以随时提问，不需要起立和举手。课堂不是以竞争为基础，他们认为竞争的结果必然是一部分学生成为胜利者，另一部分学生就是失败者。在课堂上，教师提供给学生充分发挥独特价值的机会，大部分时间是学生在教师的启发和指导下，思考、操作、相互讨论，或在教师的指导下共同讨论、研究，解决相关问题。这样的课堂，让学生充分展示其思维及行动的独特性，鼓励学生个性发展和自我表现。教师对学生的评价是以赏识学生的独特性为基础的，因此评语多是鼓励性的。在课堂上我们听得最多的话是"好主意""太好了"。

学校把家长作为一种必不可少的重要资源，家长不仅参与学校管理，还走进课堂作为"志愿教师"帮助教师教学。教师还经常根据教学内容组织学生外出参观、旅游，让学生接触自然、认识自然、了解社会，把课堂教学延伸到校外。美国的风景区、历史文化设施均对学生优惠。很多博物馆根据课程标准，设有相应的课程、实验项目，为学生提供各种"从做中学"的场所。

由于天资上存在差异，学生按能力分成不同的层次，学习深浅不同的内容。同样是七年级代数，就有前代数和荣誉代数之分。学生甚至可以跨年级、跨学校上课，高中学生可以提前修大学学分。同时，加州政府还提供各种天才学生培养计划。学校普遍为学生提供各种不同的选修课，让学生根据自己的特点选修诸如戏剧表演、机械设计等课程。

可见，美国的课堂是开放式的，讲究师生互动，教师给学生保留独立思考、自由想象的开放空间；给学生保留展现自我、充分发言的机会；在各类教育活动中充分注意挖掘学生的合理想象，予以肯定，加以表扬鼓励。

四、教室也是办公室

美国学校实行走班制，没有班级的概念，只有课堂。学校各种设施中最具特色的是教室。美国学校的教室主要是按科目设置的（低幼年级除外），教室的设施、装饰与学科紧密相关。如历史教室有相应的史料、年表等；几乎每一科目都有相应的学习方法指导。教室按功能分成不同的区域，方便学生学习的设施一应俱全：图书区，放置与学科相关的图书资料，如有需要学生可离开座位到教室边上的书架旁查阅资料；展示区，为学生提供展示自己独特个性的区域，如作业、实验报告、自画像、手工作品等。桌椅可以根据课堂活动的需要随意摆放。另外，每间教室还有削笔器、水槽等设施。在教室的一角，有教师的办公桌、储物柜，甚至微波炉。几乎所有教师都把自己和家人的照片，以及和学生参加各种活动的照片贴了出来。这样可以与学生分享自己的生活，增进学生对教师的理解，同时也营造出一种家的气氛，从而强化学生的归属感。可以说，这真正把教室变成了充分展示学生个性、方便学生学习的学室。

（原载 2006 年 6 月 20 日《中国教育报》）

美国加州基础教育启示及借鉴

古语云:"读万卷书,行万里路",早在春秋时期就有孔子周游列国之美谈。作为新世纪的教育工作者,更应该有广阔的视野和丰富的阅历。我有幸成为深圳市教育系统赴美成员,并作为班长带队前往美国进行了为期近三个月的学习考察。通过体验与比较,对中美基础教育有一些感悟,虽是管中窥豹,但也希望与大家一起分享。

一、美国基础教育八大启示

(一)把爱作为核心教育理念

在美国,这种爱,来自于从小到大、刻入骨髓的宗教文化的熏陶,即博爱;来自于美利坚民族形成过程中,吸纳的法国启蒙思想——博爱、民主、平等。这种爱,是深刻、广泛、细腻、自然而然的;这种爱,是无私的、不求回报的、令人难以忘怀的;这种爱,成为师生关系中最温暖人心的部分,是对学生人格、个性发展的高度重视和充分尊重,使美国的基础教育成为名副其实的"爱的教育"。

(二)学校和班级文化落在实处

美国学校的硬件建设充分体现了杜威的实用主义,我们所到的加州的中小学校都是"五无",即无校门、无保安、无围墙、无标志性建筑、无题字。但当我们一走进校园、走进班级,马上就被现代的、浓郁的文化氛围所感染。教师的办公室就在教室的角落,办公桌虽有些零乱,但非常具有个性与特色,上面摆放着家人的照片或喜爱的东西。教室内的墙上挂的是学生的各种作品、班规班训、名言警句。教室里一般会有三五台电脑以供师生随时上网查找资料。在这里几乎没有什么形式主义的东西,最主要的特色是"实"。

(三)道德修养与爱国主义的渗透

美国的道德修养教育,体现在学校的各个方面、各个细微的地方。每间教室或重要的地方,都悬挂美国国旗,学生每天面对国旗宣誓,国家意识处处得到体现。在学校和班级,道德修养和行为规范非常具体。在美国的公民教育中,公正(fairness)、责任(responsibility)、尊敬(respect)、合作(cooperation)、自律(self-discipline)、信念(belief)、友好(friendship)等观念,是非常重要的个人品质,是学校、社会、家庭对孩子的一致要求。美国的学校不仅要求教师以专业工作者的形象出现,而且要求教师以道德榜样的形象出现。为了充分发挥教师的道德教育作用,树立教师的道德形象,美国的学校重视对教师进行道德教育的训练,以增加教师知识,提高教师技能,使其更好地履行道德教育的职责,发挥教师的榜样示范作用。

(四)鼓励学生自信、自主、个性、创新

在课堂上,我们听到美国教师用得最多的词语是"very good""good job""excellent""wonderful"等。教师经常在每个细节和环节上鼓励学生,增强学生的自信心。在课程设置上,学校设立了学生自主选择的课程体系,学生可以根据自己的特点与爱好选择必修课以外的课程。学校针对学有余力和有学习困难的不同层次的学生,分别开设了相应的课程,进行有针对性的指导和教学。在日常教学中,教师欢迎学生有不同的判断与见解,鼓励学生大胆质疑,敢于提问,明确提出培养"善于提问题"的学生,保护学生的好奇心,支持学生进行小发明、小创造等,为学生提供创新的时间和空间,锻炼学生发现问题、提出问题、分析问题和解决问题的能力以及适应未来社会的能力。

（五）注重课堂教学智慧与策略

深入美国中小学课堂中，我们体验和感悟最深的是美国的教师非常注重教学智慧与策略。我们参观了两位美国教师的课堂，他们在教学中运用了很多精心设计的课堂活动和教学游戏，令人耳目一新。我们感受了几十种不同方式、不同类型的课堂活动和教学游戏。这些活动或游戏，有的是为了调动学生的学习兴趣，有的是为了集中学生的注意力，有的是为了培养某种品格，有的是为了练习某种技能，有的是为了掌握和巩固某些知识。这些活动或游戏不仅使学生掌握了知识，提高了动手能力，更重要的是培养了学生的学习兴趣，让学生在活动中成长，在快乐中学习，在学习中快乐。

Marion 老师在上课过程中介绍了一种叫 soft ball 的游戏，并让全体学生参与。他先让全体学生坐在课桌上，相互传一个软球，你想给谁都行，接不住的或在游戏过程中发出声音的坐回原位，最终获胜的学生奖励一块口香糖。最后，教师拿着垃圾篓，让获胜学生把嚼剩的口香糖用纸包好丢进去。Marion 随后解释这个游戏的目的，不仅是为了活跃气氛，而且要让学生在无形中学会不要乱丢垃圾，养成保护环境的好习惯。同时，还让学生知道，在遵守游戏规则的前提下，可享受充分的自由。这种方式还体现在社会实践中，当我们参观加州海洋馆时，指导老师先让学员站成一个圆圈，然后把太阳、草以及各种海洋生物的图片分发给学员，每个人角色扮演，最后拿出一根绳子，要求大家根据自然界中谁吃谁、谁被谁吃的关系相互联系起来，非常轻松地讲清楚了食物链和食物网的知识。

（六）课堂教学通过小组合作，重平等、重过程、重体验

美国中学生没有固定的班级概念，大家各自按照自己所选修的课程去上课。课间，学生在各个教室之间匆忙奔走，根本没有时间在教室或楼道里追逐打闹。下课时，教师站在门内让学生先走。楼道里，教师侧身给学生让路。不过，学生不会对此熟视无睹，一般都会轻声致谢，也会主动为过往的教师开门。即使是生源不太好的学校里，学生依然是那样彬彬有礼。对学生的尊重，表现在课堂上，教师常常"蹲"下来与学生平等交流，很让我们惊

讶和感动。对学生的尊重，也表现在对学生成就和能力的肯定上，许多学校的楼道里，可以被利用的地方都展示着学生的作品或记载着学生的荣誉。

我们有幸走进九所中小学的课堂，和美国的学生一起听课。教师常常采用动态小组合作学习方式，如按座位号单双数分组、按生日分组、按颜色分组等，让学生随机组成不同的学习小组。比起我们的课堂教学，美国中小学课堂教学的密度小得多，但是课堂活动往往丰富多彩，生动活泼。在传授知识的过程中，教师更关注学生对知识的感受和内心体验。例如讲某个历史事件的前因后果，教师便会想方设法营造类似的情境，以便让学生去想象和体会在特定环境下自己的反应，进而理解历史事件发生时的情形。另外，所有的课堂活动都尽可能让学生参与其中，动手又动脑，重过程、重体验、重感悟。

（七）教育资源极其丰富

美国优越的社会环境、丰富的社会教育资源让人叹为观止。各种类别的图书馆、博物馆、科技馆、美术馆、水族馆、纪念碑（堂）、主题公园等，随时对中小学生开放。每个馆、所、中心都必须满足各州制定的教育标准（根据美国宪法，美国教育的最高决策权在州）。每个馆、所、中心都在互联网上建立自己的网站或主页，为欲到此地的参观者提供尽可能详细的信息，且有大量的教育和宣传资料免费提供给参观者，并有专职教师给学生现场上课或讲解。每天都有学生坐着黄色的专用校车到这些教育场所学习或参观。

（八）学校、家庭、社区的完美结合

在每学期开学时，学校邀请每个学生家长根据自己的能力水平和家庭情况，志愿参加学校的教育教学活动，有的学校还规定每个学生家长义务工作20个小时。在美国，家长都非常踊跃，几乎每天都有家长和社会志愿者走进课堂为教师的教育教学提供一定的帮助或协助教师组织好学生的各项活动。教师定期用四个等级———低限标准（limited progress）、期望标准（expected progress）、达到标准（meeting standard）、超过标准（exceeding standard）的评价方式对学生的各科学业情况进行评价，让家长了解学生的成长和学业情况，以便于他们及时与学校沟通，这点很值得我们学习和借鉴。学校所在社区的资源，全部免费向学校、教师、学生开放，并全方位配合学校开展各种教育活动。当然美国基础教育也有不够完善的地方，例如，学生的基础知识不够扎实；教师课堂组织活动的有效性不足；教师之间的教研探讨不够；教师工作繁重，其经济收入就美国的收入标准来说不够高；等等。

二、吸纳中美教育精髓，取长补短

考察归来，我理性分析了中美两国基础教育的现状，有以下四点建议。

（一）东方教育思想精髓与西方教育思想精华相结合

未来教育思想和教育哲学的走势，必定是东西方教育精髓的相互包容和吸纳。如从孔子、韩愈到陶行知，几千年所提炼的"仁爱""忠、孝、礼、义、信""学、问、思、辨、行"与西方教育哲学的本质主义（essentialism）、永恒主义（perennialism）、进步主义（progressivism）、社会重建主义（social reconstructionism）、存在主义（existentialism）以及多元智力理论等，应相互借鉴与吸纳。

（二）提升国民素养，培养高素养的现代中国人

随着中国现代化建设的高速推进，中国与西方的差距更多地体现在人的素养上。在美国，无论是著名大学还是普通中小学，都注重人的素养的培养。美国哈佛大学的育人目标是："要培养有教养的人"；加州尔湾北坞高中（Northwood High School）的育人目标是："（我们）一贯的承诺——培养有同情心的、有教养的、能为世界做出积极贡献的学生"。要实现中华民族的复兴，就必须培养高素养的现代中国人。"高素养"包括基本素养、核心素养、高层素养等方面。基本素养包括：文明素养、身心健康素养、知识素养、能力素养、信息素养、环境素养、审美素养、人际交往素养；核心素养包括：道德素养、科学素养、人文素养；高层素养指创新素养。培养高素养的现代

中国人，一定要从小、从实、从细处抓起，并长期坚持，才能实现中华民族的腾飞。

（三）改革课程、课堂以及教育质量评价体系

第二次世界大战后，美国始终把课程改革作为教育改革的核心，历次教育改革都以中小学课程作为突破口，强化教育的社会功能，认为学生学会了什么或没学会什么，决定着社会的兴衰。人们把课程看作是许多社会问题包括政治问题、经济问题产生的原因或补救方法。美国及现代世界各国的课程改革几乎都是以此为导向。我们要借鉴美国的课程体系，重视课程在整个教育系统中的作用，既要把课程改革置于教育改革的核心位置去认识，更要把它置于国际竞争的背景下去理解，因为课程是学校培养目标的具体体现，课程如何设置关系到人才培养的质量和规格。只有具备这种观念，才能在 21 世纪的国际竞争中处于不败之地。

在美国评价教师的课堂教学，评价者通常要考虑三个问题：这节课的目标具有价值和挑战性吗？教师是以尊重和真诚的态度对待学生的吗？学生对这节课的目标掌握到什么程度？这些都对我们有很大的启发。

在教育质量评价体系方面，美国是在向我们学习的。以美国加州为例，他们每年五月全州统考，八月出成绩，学校也以此成绩的优劣来排名次。学生成绩可以作为申请大学时的依据之一。同时教育主管部门以此把学校按 1—10 的等级排队（称之为学业表现指标：Academic Performance Index——API）。学生成绩则分五类：高级（advanced）、精通（proficient）、基础（basic）、基础之下（below basic）和远远低于基础（far below basic）。而国家（联邦政府）考查一所学校，则根据其达到精通水平的学生数的比率来给学校排队。

（四）重建新世纪的学校文化

学校是关注生命培养、促进人全面发展的精神家园。学校文化是一种以人为本、提升生命价值的文化；是一种追求理想、与时俱进的文化；是一种求真务实、不断反思、不断创新的文化；是一种"网络文化"；是一种团队

学习、优质服务的文化。管理哲学和学校精神是学校文化的灵魂。学校文化包括学校物质文化、精神文化、制度文化、行为文化等方面。学校文化在培养人、熏陶人的内涵等方面，有独特的作用。如何重建新世纪的学校文化，是中美两国基础教育面临的共同课题。

（原载 2006 年第 7 期《课程·教材·教法》）

怎样成为高效的老师

怎样成为高效的老师，这是我在美国培训期间学习的一门课程，并且有专门的教材（*The First Days of School*，by Harry K.Wong & Rosemary T. Wong）。在学习期间，我感觉收获很大。这门课程讲述了很多实际操作内容，在一定程度上也反映了西方教学的一些思想理念。我把所学、所感、所悟整理之后，主要有以下三个方面的内容：一是成功老师的几个基本元素；二是高效老师的特征——善于积极的期待，良好的课堂管理，课堂把握能力强，精湛的教学技术；三是未来的理解——专业化发展。

一、成功老师的几个基本元素

（一）好的开始是成功的关键

我们平时经常说好的开始是成功的一半，在教育教学活动中，好的开始也是非常关键的。怎样才能有一个好的开始，在开始阶段我们最应该做什么？第一天或第一周最重要的是什么呢？

建立可持续性的规则。学生不需要什么惊喜或无组织的东西，他们需要在一个安全稳定的环境下生活和学习。学生在学年末所取得的成绩与老师在开学第一周所建立的良好的程序和习惯有着密切的关系。也就是说，一位高效的老师是在学生入学的第一周就有了对班集体的良好驾驭的。

(二)高效(effective)

1."高效"的概念

表1 高效的理解(对比理解)

比较词语	effective	efficient
英语释义	doing the right things	doing things right
汉语释义	(1)产生(预期)结果的;有效的。(2)显著的。(3)生效的;起作用的。(4)实际的;事实上的。	(1)效率高的。(2)显著的。(3)生效的;有效的。

2."高效"的特征

(1)对所有学生积极的期待。Has positive expectations for students success.

(2)有一套良好的课堂管理办法。Has an extremely good classroom manager.

(3)知道怎样设计课程和教法有利于学生掌握。Knows how to design lessons for student mastery.

3.作为新教师,怎样做到"高效"

(1)学会合作并向你的同事学习。(2)找一位模范的指导者,也就是业务上的师傅。(3)参加专业的会议并从中得到学习的机会。(4)树立追求完善,不断进取的目标。(5)掌握好各种层次的课程标准。(6)充分认识到教书不仅仅是一种个人的实践活动,也是一种社会活动。(7)提高自己的灵活性和适应性。(8)倾听,倾听,再倾听。(9)懂得教学研究的过程。(10)运用前人的正确理念和实践方法。(11)懂得"高效"和"无效"老师的区别所在。

二、高效教师的特征

(一)善于积极的期待

为什么积极的期待这么重要?因为你对学生的期待不仅影响他们在你的课堂上的成功,而且影响他们今后的生活。每一个人都有成功的本能。没有研究表明成功与家庭背景、种族、民族、经济状况甚至受教育的程度有必然的联系,但有一种是与成功有着绝对的关系的——态度。最成功的老师对自己的每个学生都有"成功"的期待,最成功的学校对每个老师也都有"成功"的期待。怎样才能做到积极的期待,主要有以下几点:

(1)开学第一天就把你的积极期待陈述给你的学生。(2)创造一个充满积极期待的教室氛围。(3)参加专业的会议或培训以让自己学会更多。(4)对自己设定一个新的目标。(5)帮助组织好学校第一天的迎新活动。(6)设计好教室以欢迎学生在校的第一天。(7)确保每个学生心理和身体的健康。(8)创造一种让每个学生都可以走向成功的氛围。(9)得体的穿着将给予学生预示——老师对他们的积极态度。(10)教师的穿着和精神面貌是学生的典范。(11)思考和行为都要全球化。(12)称呼学生名字,甚至在第一天就能记住他们的名字。(13)随时准备说"请""谢谢"等文明用语。(14)脸上应有自然、轻松的微笑。(15)高效的老师是在给学生爱和关心,是有爱心和能力的。

(二)良好的课堂管理

1. 良好的课堂管理的含义

所谓良好的课堂管理指的是教师组织和管理学生、时间、空间、教材、教具等课堂资源所做的所有事情,通过教师的行为使学生的学习活动有效开展。

教师是一个良好的组织者,促使学生积极主动地学习。高效的老师管理课堂,无效的老师用纪律约束课堂。

课堂因为教师而发生特色性的变化。高效的课堂管理应该从开学的第一天开始。

2. 良好的课堂管理的特征

(1)学生积极地专注于他们的学习。(2)学生知道他们的希望所在,并且一般情况下都能成功。(3)没有什么浪费时间的现象或者混乱的局面。(4)教室的氛围是学生既有任务,又轻松、愉快。

3. 怎样才能做到良好的课堂管理

最重要的是"准备好一切"。高效的老师时刻准备着，促使学生进入最有效的学习状态，最大化地接近学生，最准确地把握教材。开学的第一天你怎样介绍自己，将决定今后的教学生涯中你的成功和你将得到多少尊重。站在教室的门口，面带微笑，准备和孩子们握手的样子，让你的学生了解你是怎样一个人。在你的说话中，有两件事情非常重要：介绍你的名字和你对班上学生的期待。值得注意的是，你布置好的教室就是在介绍你自己。高效的老师总是耕耘着积极美好的课堂。

（三）课堂把握能力强

1. 有计划地宣布纪律

学生在第一天就应该被告知的三项最重要的事情是：纪律，行为，习惯的养成。

高效的老师会清楚地告诉学生应懂得的规章并且陈述清楚每条规章的理由所在。规则不要太多，五条足够。把你的纪律和规则在学生入学的第一天就贴出来，三条或五条纪律，解释每一条的理由并承诺如果班集体情况需要，条例还可以修改。

2. 建立一套有效的纪律方案

（1）开学前就仔细思考一套纪律方案并在学校开学的那天就实施。（2）和学生一起讨论纪律方案，并使学生明白纪律的逻辑性和合理性。（3）邀请教管人员帮助强化或确保纪律方案的实施。（4）对自己有期望和自信心，有能力教会学生具备自律性。

3. 让学生遵守教室里的步骤

步骤（进度、程序）的重点在于怎样做事情。教室里的每一个步骤都必须成为学生学习生活中的常规。在教室里发生的多数问题是因为教师没有正确地教会学生怎样按照各个步骤去做。应采取解释、排练、强化的步骤，直到一系列的步骤成为学生学习生活中的习惯。

（四）精湛的教学技术

高效的老师知道怎样设计每节课来帮助学生掌握知识。

提升学生的学习和成就感，就要增加学生学习的有效时间。学校和老师存在的唯一理由是帮助学生取得进步。给学生布置学习任务时要尽可能清晰准确。如"复习第七章，阅读120页到132页的内容，预习下一课内容"等都不是理想的任务安排，不可能达到高效。告诉学生他们将要学习的内容，这样会提高学习的效果。用简洁准确的语言将学生的学习任务或内容写出来，这种做法非常有助于学生去完成任务、达到目标。为学生提供标准参考答案时，要注意格式、规范和结论。

三、未来的理解——专业化发展

成为一个高效的老师对你今后的个人生活质量起着重要的作用。教师是孩子们的承诺，是孩子们的希望。你也许就是孩子们一生中寻求的，点亮他们生命蜡烛的那个人。

（本文修订于赴美考察后在全区教师专业成长培训大会上的发言）

走进学生的心灵

——转化后进生的再认识

素质教育的第一要义是面向全体学生,"面向全体"就必然面向为数不少的后进生,正如伟大的教育家苏霍姆林斯基所指出的:"在我们的创造性的教育工作中,对后进生的工作是'最难啃的硬骨头'之一,这样说恐怕没有哪一位教师是不肯赞同的。"因而,研究后进生的转化,就抓住了素质教育的难点,而做好后进生的转化工作,就会有力地推动素质教育的实施。

一、确立以人为本的教育理念是转化后进生的前提

(1)以人为本是由教育的本质决定的。教育家苏霍姆林斯基曾提出"究竟在教育工作中什么是最重要的、最主要的?"这一问题,经过32年的思考,他最后在《致未来的教师》中写道:"未来的教师,我亲爱的朋友!在我们的工作中,最重要的是要把我们的学生看成活生生的人。"读着这样的文字,我备感亲切。在当今素质教育的大旗上,清清楚楚、明明白白地大写着一个"人"字:以学会做人为目的的教育,是面向全体学生、全面发展、主动发展的教育,也是充满人性、人情的教育!

(2)教育改革的走势,步步趋近于教育的本质,即以人为本、终身教育、教育机会与平等、教育权利与民主。面向全体学生,让每一位学生的潜能充分发挥,得到全面发展、最优发展、可持续发展,最后让每一位学生成人成才,这是教育改革的终极目的。

（3）用以人为本的理念来正确认识后进生。后进生是一个相对的概念，一个阶段性的概念，一个不断变化的概念；情感上缺乏自尊与自信，意志上缺乏顽强的毅力，行为上缺乏良好的习惯。但不能用一个标准来衡量，通常有的后进生情商并不弱，很在乎教师的关注和喜欢，更需要关心。

二、爱心及和谐的师生关系是转化后进生的根本保证

（1）爱学生特别是爱后进生是教师的天职。成为一个好教师最基本的条件是：拥有一颗爱学生的心。古今中外的教育家们的教育思想有所不同，教育风格各有千秋，但有一点是共同的，那就是"爱的教育"。从孔子"爱之，能勿劳乎？忠之，能勿诲乎？"到苏霍姆林斯基"我把整个心灵献给孩子"，只有对学生付出爱心才能与学生沟通情感，架设起师生之间以心换心、以真诚换真诚的桥梁。

（2）爱后进生，就必须善于走进学生的情感世界。而要走进学生的情感世界、学生的心灵，就必须把自己当作学生的朋友，去感受他们的喜怒哀乐。没有爱就没有教育。师爱是助燃剂，可以点燃学生朝气蓬勃、奋发向上的烈焰；师爱是催化剂，可以加速学生的思想转化和心灵的净化；师爱是粘合剂，可以使学生感到温暖，受到鼓舞。

（3）教师对后进生真挚的爱是感染学生的情感魅力。有些老师总喜欢在学生面前表现出高深莫测、"凛然不可侵犯"的"派头"，从中体现自己的"尊严"。其实，这不是尊严，只是威严。真正的尊严是敬重而非敬畏。师生在人格上应是绝对平等的，老师不应自视比学生"高人一等"。因此，教师对学生的爱，不应是居高临下的"平易近人"，而应是发自肺腑的对朋友的爱。这种爱的表达既是无微不至的，又是发自内心的。

（4）建立真诚的民主关系，用心灵赢得心灵。当学生对教师产生了朋友般的依恋之情，便是教师实施教育的关键。即使是在某些教育者心中"一无是处""不可救药"的学生，其心灵深处或多或少也有着美好道德的萌芽。对后进生的转化，与其"灌输"，不如引导他们发现自己身上的善良之处、

高尚之处，帮助他们树立"我是一个有缺点的人"的道德自信。苏霍姆林斯基说得好，"和谐的教育——这就是发现深藏在每一个人内心的财富"。

比起其他学生，后进生犯错误的时候会多一些，教育者很难做到不对他们发怒，但师生是平等的——教师可以批评学生，学生也可以批评教师；教师如果批评失误，应该尊重学生申辩或解释的权利；如果冤枉了学生，教师应该公开主动认错。教师以平等、民主、真诚的襟怀走进后进生的心灵，还有什么解不开的"心锁"呢？

三、科学而有效的方法是转化后进生的关键

（1）倾注爱心，关注情感。首先，全面深入地了解每一个后进生，包括过去和现在、家庭和社会、心理特点和行为习惯等。其次，采用各种方式与之沟通和交流。对后进生真诚的爱，是转化他们的第一剂良药。后进生在受教育中经常遭受呵斥、嘲笑，甚至辱骂，因此，教师应用强烈的爱心给他们以心灵的呵护，帮助他们树立起人的尊严。需要强调的是，这种爱不是特殊的"偏爱"，而是自然而然的和其他学生一样的平等的爱；这种爱不应该仅仅来自老师，还应来自学生集体，要让他们感到不但老师没有歧视他们，同学也在真诚地尊重他们，进而唤起他们对集体的热爱之情，并把这种感情转化为上进心。

（2）矫治心理，树立信心。后进生的心理常常表现出矛盾状态：自己瞧不起自己，又不允许别人在人格上蔑视自己；遭到批评，嬉皮笑脸，若无其事，受到表扬也无所谓；情绪易于外露，反复无常；犯了错误，感到痛心，事后又无所顾忌；用反常的形式或做出多种极端的举动来吸引他人的注意，以满足被人尊重的心理。因此，要千方百计、深入细致地矫治和改善后进生的心理，把教育感化工作做到实处，做到要害上，做到学生心灵深处；把后进生成功的愿望从压抑的状态中释放出来，引发其内在的向上的积极动因。

（3）注意方法，讲究策略。第一，降低要求，发现长处。把一些高的要求降下来，放慢速度，从一点一滴改起，让后进生能积小成功为大成功，增

强进步的信心,向更高、更好的层次迈进。要善于发现学生的闪光点,要知道,教师一句真诚的赞扬能唤起他们心中久违的自信,给他们以莫大的勇气。第二,侧重学会做人的教育,相对淡化学习目标。加强对后进生思想品德、法纪意识、道德修养的教育,首先教其学会做人,进一步解决其学习的内在动力,最后取得德、智、体、美、劳的全面进步。第三,宽严结合,刚柔相济。对后进生该宽的要宽,该严的要严,宽中有严,严中有宽,宽严结合,刚柔相济。情感加纪律,才能取得良好的教育效果。第四,反复抓,抓反复。"犯错—认错—改错—又犯错—又认错……"这是后进生普遍存在的现象,教师因而斥责学生"屡教不改""光说不做""本性难移"等是极不公正的。教育者应容忍后进生一次次的"旧病复发",充满热情地鼓励学生一次次战胜自己,并引导学生从"犯错周期"的逐步延长或者错误程度逐渐减轻的过程中,看到自己点点滴滴的进步,增强进步的信心。

(4)自我教育、体验成功。后进生心灵深处总有美好道德的萌芽,总有闪光的一面,这是学生自我教育的内在依据。教育者的明智和机智,在于引导后进生经常进行自身的"灵魂搏斗",即要发现自己的可贵之处,又要勇于用"高尚的我"战胜"卑下的我"。引导他们从"迷迷糊糊"的状态中早日觉醒过来,教师要进一步帮助他们制定切实可行的目标,督促实现,一旦有进步或达到某项目标,及时鼓励,让他们体验成功的喜悦,获得满足感,增强他们克服困难的勇气。正如苏霍姆林斯基所言,"真正的教育是自我教育"。

(5)齐抓共管,形成网络。教师要善于巧妙地把自己对学生的表扬或批评转化为集体舆论的褒贬,让集体的每个成员都意识到:自己有了进步,是全班的光荣;自己犯了错误,是全班的耻辱。教师还应与共青团、学生处以及其他部门通力合作,与各科科任老师经常联系,与家长、警校联合岗、居委会、村委会等社会力量相互配合,在学校的协调下,共同做好后进生转化工作,最终使后进生成为对社会有用的人。

(本文选自龙岗区区域德育研讨会上的发言)

如何培养学生的创造能力

18世纪法国启蒙运动思想家、唯物主义哲学家爱尔维修说："即使是普通的孩子，只要教育得法，也会成为不平凡的人。"日本著名教育家木村久一在他所著的《早期教育和天才》一书中提到："为了社会、为了人类，多培养出一个天才要胜过千万个庸俗的人。"作为教育者，重温这些哲人睿语，无疑是颇有益的。

20世纪70年代以来，以电子计算机技术为核心的信息技术的广泛应用和高速发展，生物工程的实用化，以及新材料、新能源、海洋工程、宇宙工程等新技术的关键性突破，正在酝酿着一场席卷世界的新技术革命。

怎样才能开阔眼界，迎接新技术革命的挑战？怎样才能培养出与这种挑战相适应的新型人才？我认为主要是培养学生的自学能力，想象能力，认识问题、分析问题、解决问题的能力，应变能力和创造能力，以及培养学生与之相关的自治能力，社交能力，演讲和写作能力，管理和领导能力。

（1）要培养学生的创造能力，首先要让学生了解当前世界上产生的新观点、新知识、新学科。作为班主任，我利用自习或读报时间给学生介绍当前对中国产生重大影响的几本书。它们是美国著名的未来学家阿尔文·托夫勒的《第三次浪潮》、美国著名经济学家约翰·奈斯比特的《大趋势》。通过这两本书让学生了解"三次浪潮"和"改变我们生活的十个趋势"等新的概念。我还特别向学生重点介绍了《中国的大趋势》一书。书中集中讲了三个问题：第一，世界经济发展出现了五个与我们"四化"建设有密切关系的趋势，即"信息社会的形成""分散到集中，又重新走向分散""从区域经济向国家经济、世界经济的发展""社会正在从一元化向多元化的方向发展""三大产业结构比例变化的趋势"。第二，新产业革命的主导技术及其发展趋势。第三，我国当前紧缺什么样的人才？通过以上新观点、新知识、新信息的介绍，的确开阔了学生的眼界，效果较好。

（2）自学能力、观察能力、分析问题和解决问题的能力是创造能力的前提，班主任应在这些方面多努力。如果仅要求学生踏踏实实地学好课本上和老师讲的那点东西，会让学生成为课本和老师的奴隶。要变被动学习为主动学习，帮助学生制订周密的学习计划，培养他们的兴趣爱好，让学生在茫茫书海中找到自己明确的前行方向。我经常抽时间向学生介绍怎样利用图书馆、书店等资源。我还教学生做报刊剪贴和卡片，学会积累各方面的知识。现在班里学生大部分都有自己的剪贴资料。我还注意培养学生观察问题、分析问题的能力，让他们随时注意观察周围事物，观察人生、社会与自然等，并使之能行之于文、言之于口，锻炼他们的写作能力和演讲能力。我组织了几次影评活动，如对《风雨下钟山》这一表现了中国现代史上伟大转折点的电影的评论，对《火烧圆明园》《人生》的评论，学生能在情节、人物、语言、画面、音乐、编剧、导演等方面谈出自己独特的看法。我还组织了一次学习老山前线英模事迹的"国魂赞"的主题班会。通过这些活动，学生各方面的能力都得到了提高。如我班的刘华同学在读贾平凹的中篇小说《腊月·正月》之后，写了一篇书评《请把"枪"放下》。文章指出了我们民族特性中的不足点——中庸之道哲学演化出来的"嫉妒病""红眼病"。该文在最后写道："我想站在高处，向你、向他、向我们整个社会大声呼喊：'让韩玄子成为历史吧'"，呼吁我们应投身于改革的浪潮，争当出头马，敢为人先。文章内容思想深刻，成为雅安地区向四川省教育厅推荐的唯一优秀文章。

（3）培养学生的创造能力，要善于抓住和利用学生的兴趣爱好，采用适当的方式，让学生施展他们的创造力。这一点，我是受了赵念渝编译的《如此美国人》这篇文章的启示。文章说在美国"孩子们自幼就受到提问、分析及探索的训练。人们常常会对孩子说'自己去查'。学校作业的目的是激发学生翻阅大量的资料。例如'写一篇有关世界食糖供应的论文',这个题目会把学生引导到一个全新的领域,他们不得不自己去思索、去研究。甚至在小学阶段就教会了学生如何利用图书馆,如何探索一种新的思想。到了15岁左右,他们中许多人就会成为年轻的学者,会在许多科学领域中,从天体物理到海洋地理学都会做出新的、有价值的贡献"。于是我以班团支部为主体,开展了一次"如果我是一个编辑"的活动。每个人可按自己的兴趣爱好办一版报纸,内容自选、自编、自排、自写,甚至自己"发行"。我给学生定出评分标准:内容50%,报纸名称10%,排版10%、字体10%,独创性20%。教师不参加评选。学生按无记名投票方式选出一等奖一名,二等奖两名,三等奖三名。两周之后,学生办出了四十多种小报,从报名上就可看出其丰富多彩:喜爱数、理、化的,办出了《数的奥秘》《物理世界》《化学天地》;喜欢文史的,办出了《收获》《文艺·信息·评论》;男生办出了《探险》《搏击》《集邮》;女生办出了《百合花》《小草》《百花园》《小蜜蜂》⋯⋯通过这种活动,培养了学生的创造力,收效甚佳。

(4)鼓励学生尽可能地参加各种级别的竞赛,这是培养学生创造能力的重要途径。1985年雅安地区第二届化学竞赛,我班获得了一等奖一名,二等奖两名,三等奖一名,优胜奖一名的成绩。同年,全国数学竞赛,我班有两名同学参加,雅安地区为参加全国物理竞赛而进行的预选赛中,我班也有13名同学参加。预选结果雅安地区100分以上有42人,雅安中学(全国的首批重点中学之一)有32人,我班在高三年级的五个班中占了九名。当年全国第二届物理竞赛揭晓后,我班范永宏同学获得了四川省赛区第29名的好成绩,获得雅安地区颁发的一等奖,另外三位同学获得了雅安地区颁发的三等奖。

将上述四种方法看作一个系统,可以初步归纳出以下四个特点:

整体性:各种方法处在一个系统之中,在实践中,可以根据班级实际以一种或几种为主,但不能孤立使用。主动性:老师和学校双方都表现出主动性和积极性,班集体这一活动主体也表现出自己的主动性。开放性:破闭锁模式，使班级集体的活动和交往处于开放系统之中。创造性：师生的创造性工作使班集体取得创造性发展，形成自己的传统，并发挥创造性动能，以达到综合创建、整体最优化的目的。这四个特点也是现代化教育的一般特点的具体化。

（本文原载《班主任》）

中 编
可推广的学校建设

优良的学校文化是一所学校持续健康高效发展的重要保证。

提升校长课程领导力

构建和谐教育，实现龙岗教育和谐发展，不仅是指宏观层面上的教育机会均等、教育资源均衡以及教育环境和谐，还体现在微观层面上的和谐管理、和谐课程体系、和谐课堂教学以及和谐师生发展，其中和谐课程体系对学生和谐发展、构建和谐课堂起着决定性作用。当前中小学课程建设中有一定的偏差，存在着课程设置过多、课程比例失调、课程内容脱离学生实际和学校特点以及内容相对单一、缺乏选择性等问题，制约了学校教育的和谐发展。我应"香港与内地首届校长论坛"的邀请，结合自己多年校长经历，就提升校长课程领导力，构建和谐的课程体系等问题做了一些思考。

一、对校长课程领导力的理解

校长课程领导力是校长专业发展的重要标志，体现着校长的领导素养和领导智慧。校长课程领导力主要包括几个方面：一是课程的解读力，即校长对课程政策的理解，对"三级课程"的比较、分析等；二是课程资源的整合力，即对校本资源的有效利用和开发以及对校外资源的统筹和整合的能力；三是课程实施的执行力，即课程的选择、规划、设计以及课程实施的组织、管理能力；四是课程实施的评价力，即对课程实施过程、方法和实施结果的评价以及影响因素的分析能力；五是课程文化的建构力，即如何构建一种开放、分享、共进的课程文化，营造和谐、民主、平等的教研氛围。

二、提升校长课程领导力的基本策略

1. 增强课程领导意识

与传统的课程领导意识不同，新形势下的课程领导意识首先需要校长具备课程开发的开放意识、课程设置的自主意识、课程资源的优化意识以及课程文化的创新意识等。其次是课程领导角色意识，即校长应从传统课程的管理者、执行者和控制者转化为课程领导的协作者、课程文化的构建者、课堂实施的调控者以及课程实践的反思者。

2. 丰富课程领导知识

首先，通过理论培训丰富课程专业知识（课程设计和规划、课程选择和实施、课程评估等）和教学论知识（教学设计、教学方法、课件设计等），提高课程领导者对课程的理解和对教学实践的指导。其次，通过参加校长论坛和企业管理等培训，了解领导的相关理论、方法和策略，通过理论结合实际，灵活运用，优化实践。

3. 提高课程领导技能

提升校长课程领导力的核心是提高其课程领导技能，因此，中小学校长应提高以下课程领导技能：

第一，提高课程决策能力，即构建一个整体的课程愿景，包括课程规划、设计、选择等。

第二，提高课程资源的统整能力，即不仅要充分利用、发掘校内优势课程资源，还要积极整合、开发校外资源，取长补短，争取课程资源的合理分配。

第三，提高课程支持系统的组织和沟通能力，即加强各种人际关系的沟通和协调，不仅要争取上级部门领导的大力支持，还需获得学校教师、社区相关工作者、学生、家长的积极配合。

第四，课堂教学指导能力，校长的核心竞争力就在于指导课堂教学、促进教师专业发展的能力。因而，校长必须具备学科教学设计和课堂教学指导能力，不断促进教师专业发展。

第五，提高课程评价能力，即通过对课程实施状况及时监测、评价，发现和反思问题，不断完善和优化课程体系。

4. 积淀课程领导智慧

第一，要实行校长课程领导权力和权威再分配。校长课程领导的关键作用是引领课程发展方向、协调各种关系、分享思想智慧，共同构建课程领导模式，而不是靠行政或个人权力强制、命令教师执行某种课程决策。课程领导最大的特点就是校长敢于放权给教师，构建一种民主、平等、和谐的"伙伴式"领导模式。

第二，课程领导的有效实施需要构建一种信任、合作、沟通和反思的"伙伴式"团队文化，不仅要构建学校教师内部的团队文化，还需要构建校际专业团队之间的合作文化，良好的团队文化是课程领导最有效的"软实力"。

第三，作为课程领导者，校长还需具备自我领导智慧，即自我认识、自我管理和自我提高的智慧。

5. 加强课程领导评价

为确保校长课程领导质量，促进校长专业发展，深圳市龙岗区将课程领导评价作为对校长评价的一个专项指标。主要通过课程体系设置、课程管理制度、课程实施效果、师生发展、领导者素养等几个方面对校长课程领导力进行形成性评价，建立校长课程领导力"档案袋"，增强校长课程领导力。

（本文修订自香港—深圳龙岗两地校长高峰论坛上的发言报告）

怎样让学校文化建设更有"文化"

随着教育改革的推进，学校的发展水平也不断提升。近年来，校园文化建设在理论层面和实践层面都备受瞩目。关于校园文化的讨论和文章汗牛充栋，各地学校也"见仁见智"地蓬勃开展校园文化建设活动。但因认识、条件等诸多方面的不同，各校对校园文化建设的理解也存在着很大差异。

某新学校校长十分关注校园文化建设，耗资几十万请专业设计公司为学校设计、制作了校园标志——一座工艺精良的雕塑。当他向前来视察的主管局长汇报这一"业绩"时，不仅没有受到表扬，反而被主管局长批评。校长纳闷了，我这么重视学校文化建设怎么还挨批评，难道学校的标志建设就不是学校文化建设了吗？

其实这位校长的纳闷颇具代表性。当前很多人对校园文化的理解还停留在或仅限于物质文化层面，而在理念或内涵上缺乏深入的思考与研究。物质文化当然是校园文化不可或缺的重要组成部分，但如果只有物质文化那可能反而显得没文化了。

何谓文化，其定义不胜枚举。但通常来讲，文化是人们在社会实践活动中所形成的活动方式以及所创造的物质产品和精神产品中体现人类智慧和实践创造能力的总和。文化的载体简单来讲有三种——活动方式、物质产品和精神产品。文化所要体现的东西有两种——人类智慧和实践创造能力。我们可以这样理解，作为一个团体或是一个组织，其文化应该通过活动方式、物质产品和精神产品综合有机地体现出来。但在实践中，人们往往只通过物质产品来体现其文化，这是对文化的片面理解。同时，文化还应该具有创造性，反映到实践中即每一个特定的团体或组织的文化应该具有独特性并且在某种程度上是不可复制的。

学校文化则是给文化加上一个场域的限定，指的是学校这样一种社会组织所具有的文化。陶西平先生认为：学校文化是指一个学校经过长期发展历史积淀而形成的，以校内师生为主体创造并达成共识的价值观念、办学思想、群体意识、行为规范等构成的价值观体系，是学校精神与氛围的集中体现。这强调了学校文化中价值观念的重要性。另外一种观点认为：学校文化是指由学校成员在教育、课堂、科研、组织和生活的长期活动与发展演变过程中共同创造的、对外具有个性，是精神和物质的共同体，如教育和管理观念、历史传统、行为规范、人际关系、风俗习惯、教育环境和制度以及由此而体现出来的学校校风和学校精神。但凡优质学校大都会形成自身独特的优良学校文化。

由此我们可以看出，学校文化应该至少具备以下几个重要特性：原创性、综合性、自然性、独特性。原创性指的是学校文化应该是本校师生共同创造的。综合性指的是学校文化应是活动方式、物质产品和精神产品的综合体现，而不仅局限于其中一个方面。自然性指的是学校文化应该是学校的核心价值观已经内化为师生的自觉要求，无论是活动方式、物质产品或是精神产品都自然体现本学校的理念和价值观，而不是外在宣传强加或是牵强附会的结果。独特性指的是学校文化应是本校所独有的。总体而言，学校文化应该是积极的、有显著实效的，而非乏善可陈的、平庸的。优良的学校文化对学校发展的积极意义是不言而喻的。甚至可以说，优良的学校文化是一所学校持续健康高效发展的重要保证。

经过以上界定和分析，我们就不难理解为什么那位主管局长会对那位校长进行批评。首先，这位校长在设计一个校园标志上耗巨资显然有些奢侈，作为一所新校，更应该关注的是学校的制度文化、管理文化、组织文化、课堂文化、课程文化等。其次，设立雕塑这种行为本身就没什么创造性，时下有多少公司打着学校文化建设的旗帜在贩卖一些文化含量不高的文化产品。就学校主雕塑而言，恰是正为制造又一个"千校一面"的局面煽风点火。第三，请专业公司来设计和制作，从某种程度而言丢失了学校文化可贵的原创性、自然性和特殊性。

　　这个案例折射出当前学校文化建设的种种局限和不足。怎样才可以尽可能地避免重蹈覆辙，让学校文化建设更有"文化"一些？我就自己近几年在深圳市龙城初级中学的实践探索经验，总结出在建设学校文化中应当注意的方面，即：一点两面三性。

　　"一点"指的是找准学校文化建设的立足点。学校文化建设的立足点应该是学校本身。具体而言，学校文化建设的出发点和归宿应该都是学校自身；学校文化建设的主体应该是本校师生。目前有不少学校的学校文化建设或以对外宣传为目的、或以建设形象工程为目的，或以赶潮流为目的，有的甚至是为了争取经费支持为建设而建设，这些都偏离了学校文化建设的重要宗旨。龙城初级中学在学校文化建设过程中找准了这个立足点，秉持学校文化建设"从学校中来，到学校中去"的原则，取得了良好的效果。比如学校的办学理念是：以人为本，为学生的人格和学力发展奠基，为学生的终身发展奠基。以人为本是总体要求，为学生的人格和学力发展奠基是对全体教职工的工作要求，而为学生的终身发展奠基则带有终极目标的意义，突出强调了初中学生年龄阶段特点及其学段特点，重点突出奠基性。

　　"两面"指的是重点把握好学校文化建设的"内涵"和"外延"两个方面，同时要把二者有机地结合。内涵是学校文化建设的核心价值观、基本原则和宗旨；外延是学校文化建设的具体表现形式，规章制度、行为规范、管理模式、环境布置等都属于此范畴。内涵通过外延来表现，外延以内涵为灵魂和内容。如果没有深刻的内涵，学校文化建设的一切形式和成果都只是空架子、银样镴枪头。如果没有适当的外延，内涵就不能外化为具体的东西，就会成为水中花镜中月。通常人们对外延关注得较多，但更重要的是要在内涵上做足、做够，这才是提升学校文化建设水平的关键所在。正所谓，"皮之不在，毛将焉附"。

　　"三性"是指在学校文化建设中需要注意的民主性、系统性和发展性。民主性是指学校文化建设不能搞"一言堂"，从内容到形式都要充分发动和依靠全校师生。民主讨论和征求意见的过程其实也是对学校文化宣传和内化的过程。民主性是学校文化建设原创性、自然性和特殊性的重要前提。系统性是指学校文化建设要系统规划、全盘考虑，不能想到哪做到哪。从理念到实现形式，从活动方式到物质产品、精神产品都要在一个系统中进行。系统性是在学校文化建设中充分体现学校办学理念，为学校持续健康高效发展提供持久推动力的重要保证。发展性是指学校文化建设要注意连续性和与时俱进。"三天打鱼，两天晒网"或是随机安排都是学校文化建设的大忌。同时，学校文化建设要不断继承和创新，传承优良传统的同时要及时纳入时代精神。真正做到流水不腐，户枢不蠹。发展性能使学校文化建设永葆青春，焕发勃勃生机。

在具体的实践过程中，龙城初级中学进行学校文化建设的基本做法有以下几条：

（1）学校文化建设的内容与形式主要由学校组织师生讨论决定，公司主要负责按照学校的要求进行制作和安装。

（2）外来资料内容仅供学校文化建设作参考，主要内容的撰写和定稿都由学校组织师生来完成。

（3）学校的办学思想及其他的文化建设内容都由学校组织师生通过拟稿、讨论、征求意见、修改、定稿，最后向全校和社会进行宣传。

（4）全校的环境布置系统考虑，分批完成。管理文化、制度文化、行为规范等都落实和贯彻学校的办学思想。

正是因为在建设学校文化的过程中，充分重视和实践了"一点两面三性"，我们的学校文化建设具备了原创性、自然性和特殊性等重要特征。学校文化建设内涵深刻、切合学校实际，在外延（表现形式）上朴实生动，更为重要的是，学校文化建设体现的内容正内化为师生的自觉行为规范和工作学习追求。学校文化建设与师生形成良好的互动关系，促进了学校管理水平的提升，提高了办学效益。学生成才、教师成功、学校发展，进一步提升了学校文化的内涵与品味，不断地为学校发展的历史注入精华和积淀。

（原载2006年9月《中国教育报》）

关注师生成长,促进和谐教育

——深圳市龙岗区龙城初级中学建设和谐校园的探索与实践

和谐是中国几千年历史的一种重要价值追求,也是中国人历久不衰的一种精神追寻,渗透在中国人"修身,齐家,治国,平天下"的人生价值理想的每个层次,体现于上至帝王将相、庙堂朝廷,下至平民百姓、市井生活的每个环节。

和谐:和者,和睦也,有和衷共济之意;谐者,相合也,有协调、无抵触、无冲突之意。琴瑟和鸣,黄钟大吕,这是艺术的和谐;和风细雨,桃红柳绿,这是自然的和谐。中国文化的一大特色就是"和谐"。

作为文化传播和文明传承的重要载体,学校教育对文化的生成与发展有着非常重要的影响。建设和谐社会作为一个系统工程,和谐教育和和谐校园是其中非常重要的子系统。建设和谐校园也是一个系统工程,包含管理、教育、教学和人际关系等几个方面的子系统。这几个子系统之间相对独立而又紧密联系、互相影响。我们建设和谐校园主要从以下几个方面进行探索与实践。

和谐管理:和谐管理的目标在于不仅要在学校管理中达到思想、行动上的到位,更为重要的是要在管理中实现管理者和被管理者在情感、价值观上的认同与统一。追求情感、价值观上的认同与统一是和谐管理与普通管理最为本质的区别。有了这种认同,严格的管理就是一种更高层次的人本关怀。在实践层面则体现为师生不仅执行落实学校工作要求和安排,而且是主动地、创造性地、愉悦地去完成。面对工作的困难,师生能够将压力转化为动力,将学校目标内化个人目标,达到学校价值与个人价值的统一。

为实现和谐管理,龙城初级中学在实践操作中特别重视管理中的民主与人性化。现在学校管理的通常做法是校长负责制,在制度上强调集中,赋予了校长更多的行政权力。但如果在实践中没有注重民主,往往可能导致因为过度集中而出现管理绩效下降。这与实行校长负责制之前的管理过于松散相比似乎有些矫枉过正,且容易出现学校的发展好坏往往系于校长一人身上,出现"成也萧何,败也萧何"的局面。要避免这一潜在的弊端,就要在管理中强调民主的成分。学校的管理在形成决议、进入实施层面之前要有一个充分的民主过程,即根据学校工作的不同层面,让中层干部、科研组长、业务骨干、普通教师、学生代表加入咨询和探讨的过程。这样有利于让决策从群众中来,真正体现学校师生的内心要求,更好地结合学校实际情况,提高决策的科学性,在实施的时候才能够更好地到群众中去,提高行政管理的绩效。龙城初级中学目前实行了"平行编班,落级行政负责,分组管理"的年级管理模式,更好地实现了学校扁平式管理,有效地提高了工作效率。

人性化管理属于学校软性管理,在强调和坚持刚性管理(强调学校的规章、制度、要求、安排要一丝不苟地执行)的前提下,学校管理并不完全依靠行政力量简单直接地落实工作,而是在制定规章、制度、要求、安排时就体现人性化的思想和价值取向,在实施时进行充分的思想动员,对非原则性问题不轻易上纲上线,关注师生工作与生活,为师生的成长创造有利的条件,真正把学校建设成为让师生有归属感、亲切感的心灵家园。

和谐管理着眼于管理层与被管理层的关系,而和谐校园最重要的命题是和谐教育。和谐教育强调在教育工作中,教育者(教师)与被教育者(学生)要形成和谐的关系,在思想情感和心灵上取得认可。社会主义的教育目标是培养"四有新人"和为社会主义现代化培养合格的建设者和接班人。这就要求我们在学校工作中德育为先,要在现有形势下真正落实德育为先,一个必要的条件就是要强调和谐教育。我们要让学生树立正确的理想、信念,养成良好的品德、情操,自觉地遵守规章、制度。实现这一目标首要的前提是能够把我们的要求内化为学生的自我要求,而要实现这一前提,就必须实施和谐教育。当学生的表现与管理冲突，甚至对立时，我们的教育不能只是简单地用原则、要求对其进行定性和裁剪，把他作为管理的对立面来处理。所有的学生都是我们的孩子，都是学校的孩子！因此，我们要从他的人格发展特点出发，对他负责。有了这样的前提，就要求我们在教育工作中时时刻注重和谐。

与和谐教育密切相关的是和谐教学。通常教师走上讲台的时候，可能心里想的更多的是完成自己的教学任务。从这样的前提出发，是不符合和谐教学的要求的。我们的教学，目标是为学生的学力发展奠基，落脚点在学生。因此我们要尽可能地关注更多的学生，尽可能让学生在学习中的情感、价值观与我们有高度的认同，而不是为了教师或学校而学，或是被教师或学校逼着学。和谐教学强调师生在教学过程中有融洽的气氛、温暖的氛围、人性的温馨。不管学习成绩高低，学生在学习过程中是安全的，他不用担心被歧视和嘲笑。

人际关系对于中国社会而言，其重要作用是不言而喻的。作为事业单位，人际关系对单位绩效有着明显的影响。良好的人际关系有助于形成良好的工作氛围，提高工作效率，加强团体的凝聚力和战斗力。和谐人际理念的提出，标志着龙城初级中学和谐校园理念的进一步科学和完善。"君子和而不同，小人同而不和"，有了和谐的人际关系，才能形成和而不同的局面，既有团队的团结协作，又能够百家争鸣，百花齐放。只有形成了"互相补台"的工作局面，才能让单位整体好戏连台；如果是"互相拆台"，那恐怕连戏台子都难保。因此，和谐人际理念的提出，有利于在学校内形成员工"多琢磨事、少琢磨人"，"人抬人高"的局面，真正形成一个团结、协作、富有战斗力的团队。

要形成和谐的人际关系，龙城初级中学明确提出了构建"简单，真诚，和谐"的人际关系口号。鼓励大家在相处的时候做到三多：多想一点别人的长处，多体谅别人的难处，多给别人一点帮助。经过长期的引导和实践，学校形成了良好的人际氛围。干群之间、师生之间、教师之间充满了温馨与和谐。龙城初级中学真正成为教师们开心工作、安心生活的乐园与家园。

学校明确提出了"关注师生成长，建设和谐校园"的发展目标。在理论层面上旗帜鲜明地提出了"和谐"这一重要理念，给师生的思想带来了一次强有力的冲击。它积极主动地响应了国家的大政方针，更为重要的是这一发展目标对于教育部门而言有着深远的意义。教育的最终目标是让知识、情感态度、价值观内化为师生内在的要求与素质，而这种内化实现的前提就是和谐。和谐校园与教育的内在发展规律是一致的。

关注师生成长，建设和谐校园发展目标的提出促进了学校一系列措施的出台，带动了教与学、师与生、学校与员工、学校与学生关系的优化与提升。经过一段时间的努力探索与实践，和谐校园已经内化为师生思想与目标、外化为日常的教学与生活实践，净化了学校的人际关系，提高了工作效率，改善了工作环境，学校的办学水平与效益有了明显的提升。我们相信，随着祖国日益繁荣昌盛，教育事业日臻完善，和谐校园的建设目标一定会实现。

（原载 2007 年 6 月《深圳侨报·教育周刊》）

创新教育管理　促进学校优质持续发展
——深圳市龙岗区龙城初级中学创建优质教育品牌之路

科学家门捷列夫说:"教育是人类最崇高、最神圣的事业,上帝也要低下至尊的头,向她致敬。"教育神圣已经成为时代之音,振聋发聩。在新的时代背景和教育形势下基础教育路在何方?这是无数专家、学者、教师以及社会各界有识之士孜孜以求的一个问题。新教育实验发起人,中国教育学会副会长朱永新是这样形容教育的理想境界的:成为学生享受成长快乐的理想乐园,成为教师实现专业发展的理想舞台,成为学校提升教育品质的理想平台,成为学生、教师、学校共同发展的理想空间。这段话为龙城初级中学师生探究的"教育的理想"和"理想的教育"两大课题提供了很好的解答。

龙城初级中学矢志成为一所有理想、有追求的中学,目标是创建全国优质品牌学校。为实现教育理想,龙城初级中学确立了一整套前瞻性办学理念。

办学理念:以人为本,为学生的人格和学力发展奠基,为学生的终身发展奠基。

校训:厚德、强能、塑美、求真。

办学目标:创全国优质品牌学校。

培养目标:做高素养的现代中国人,为明天的成功做准备。

管理理念:关注每一位师生的成长,努力提升每一位师生的生命质量。

龙城精神:拼搏精神,团队精神,感恩精神。

理念是行动的先导，学校办学理念建设为学校长期发展提供了目标和指引，成为凝聚人心、提升战斗力的有力武器。龙城初级中学在践行办学理念的过程中，进行了基础教育管理模式的七大创新，有效地促进了学校的优质持续发展。

一、"平行编班，落级行政负责，分组管理"——年级管理模式推进校内教育优质均衡发展

新课改要求消除应试教育一切为了成绩的弊端，关注每一个学生的成长。为了中考成绩，原有教育模式和体制往往根据学生的成绩水平分重点、非重点或是快慢班进行教学。这在事实上导致或是加剧了校内教育的"贫富悬殊"。大部分学生自初一年级被编入非重点班或是慢班后就很难翻身。

龙城初级中学尊重学生个体发展的差异性，努力为每一个学生的发展提供均衡的条件和机会。根据新课改的要求和省市有关政策精神，完全进行常态平行编班。同时，根据学校班级数量多（一个年级14个班）、班额大（平均每班50多人）、生源多样化（根据政策规定，按片招生）的特点，批判继承原来"扁平式管理"的经验，创造性地提出了"平行编班，落级行政负责，分组管理"的年级管理模式。

平行编班：全体学生由电脑随机抽取组成教学班，在技术层面上，尽可能地确保每个班学生在整体基础、起点上趋于平均。编完班后就不准再进行调配，以免引起不平衡。

落级行政负责：每个年级由学校先派一位中层干部落级，总体负责和协调整个年级。

分组管理：年级分为甲组和A组，每组七个班，设一位年级长、一位副年级长。将平行编班产生的14个班随机分为两组，由两个组的级组长抽签决定管理哪个组。

在实践中，这一年级管理模式体现了以下几个方面的优点：

一是真正贯彻落实了中央、省、市提出的"在基础教育阶段平行编班"

的政策精神和要求，符合《中华人民共和国义务教育法》和相关政策法规的要求。

二是保证了管理力度和责任到位。设立落级行政总体负责年级，有效地解决了像龙城初级中学这种超大规模学校（42个教学班，2000多名学生）的管理难题。初中阶段的学生管理难度较大，这一年级管理模式有利于年级管理责任到人（落级行政），管理到位（两个年级长加七位班主任）。有利于年级长熟悉学生，掌握学生动态，全面把握年级形势和解决具体问题。

三是有利于在甲、A两组间开展劳动竞赛，形成"比学赶帮超"的良性竞争格局。分组有利于开展竞争，落级行政负责有效地确保竞争不会恶性化，同时还可以推进团队合作，有效地调动全年级的积极性。

经过一段时间的实践和探索，"平行编班，落级行政负责，分组管理"的年级管理模式充分发挥了"扁平式管理"的优点，有效提升了年级的管理质量。但在实践中要特别把握好管理的"度"，注意预防两大不良趋势：团结过头和竞争过度。团结过头是两组之间竞争过于弱化，导致你好我好大家好的局面；竞争过度是在管理过程中由于某些因素导致两个组之间过度竞争，不能发挥整个年级的资源优势。

二、"教研组长学科负责制"——教师专业化发展促进教育优质化

教师是一种专业化职业。《中华人民共和国教育法》规定："教师是履行教育教学职责的专业人员。"联合国教科文组织在《关于教师地位的建议》中提出"教师是专业性职业"，认为"它是一种要求教师具备经过严格训练和持续不断的研究才能获得并维持专业知识及专门技能的公共业务"。尤其是在现代社会，终身学习已经成为人们的普遍需要。教师从业后的继续学习和继续教育是否到位将直接影响甚至决定教师的工作质量和水平。在2004年龙城初级中学教职工代表大会通过的《学校工作报告》中，教师专业发展就已经被确定为学校的一项长期工作。

当前，我们正处在知识经济时代，同时也处在国际化与信息化、科学精神与人文精神相融合的时代，社会各界对教育前所未有的关注给教育带来很大动力的同时压力也随之而来。新的时代必然对教师提出新的要求，这也对学校培养教师的能力和机制提出了新的课题和挑战。

经过一段时间的探索，学校确立了"教研组长学科负责制"的教师专业发展模式。具体内容是教研组长作为本学科的学术领导，对本学科的发展负专业上的责任，引领全科组的教师共同发展。与之配套的是备课组集体备课机制和"塑师工程"与"名师工程"。

教研组长学科负责制的主要做法是在学校选拔具备一定管理能力和示范效应的学科骨干担任教研组长，学校安排专门的培训与学习，对教研组长进行重点培养。教研组长在科组内发挥示范和辐射作用，引领整个科组提升专业水平。

备课组集体备课机制是每个年级的备课组按照科组的要求，定期召开备课组会议，对下一阶段的教学内容进行集体研讨，形成一个相对统一的教学意见。每一位老师再根据这一意见形成自己的教案。集体备课有利于充分发挥备课组优质资源的作用，统一年级的教学进度，发挥团队的合力。

"塑师工程"主要是培养年轻教师和新教师。学校通过"师徒结对"、教学竞赛等活动帮助和促进年轻教师和新教师尽快成长，使他们接受学校文化的熏陶，在思想上、心理上、行动上、风格上成为龙城初级中学的教师。

"名师工程"是帮助学校的骨干教师成长为区、市骨干的培养工程。一所品牌学校离不开品牌教师的有力支撑。学校通过一系列的政策倾斜，有力地帮助骨干教师进一步提升自己的思想境界、业务能力和工作业绩，成长为区、市、省级的骨干教师和学科带头人。

以教研组长学科负责制为主导的一系列教师专业成长制度有力地促进了学校教师专业发展和梯队建设，帮助一大批教师迅速成长，并且有力地推进了学校的教育教学工作。近期，学校各学科组在教研组长的带领下，开始探索构建学校各学科的课堂特色教学模式。部分学科已经取得阶段性成果，我们相信长期坚持下去一定可以取得更大的进步。

三、"三制"模式 "九化"目标——德育工作的品牌发展之路

"三制"模式"九化"目标在龙城初级中学已经运行了一段时间,在2004年教代会通过的《学校工作报告》中就已经被确定为学校长期的工作思路和管理模式。

"三制"德育管理模式即中层干部落级、年级组长负责、班主任包干到位的管理体制;以班主任名字命名的班级荣誉责任体制;班级量化考核机制。"三制"构成了有机整体,使学校德育工作水平在合作与竞争的环境中不断迈向新台阶。

"九化"目标即德育首位理解的深刻化,德育目标层次化,德育思路简捷化,德育内容具体化,德育途径多样化,德育活动序列化,德育管理科学化,德育科研制度化,德育评价规范化。"九化"目标体现了龙城初级中学德育品牌的核心内容,构建了龙城初级中学的德育管理体系,在实践工作中取得了良好的效果。

经过两年多的探索,"三制"模式"九化"目标的德育体系已经趋于成熟,这一德育管理模式有效地提升了学校的德育工作实效。学生的养成教育、行为习惯、文明礼仪等素养有很大提高,赢得了社会和家长的赞誉,并且已经成为很多学生及家长选择就读龙城初级中学的重要原因。

四、"培育良好学校教育生态"——校园文化建设为学校发展提供肥沃土壤

陶西平先生认为,学校文化是指一个学校经过长期发展历史积淀而形成的,以校内师生为主体创造并达成共识的价值观念、办学思想、群体意识、行为规范等构成的价值观体系,是学校精神与氛围的集中体现。龙城初级中学始终注意校园文化建设,并把它提升到培育良好学校教育生态的高度。

在校园文化建设过程中,龙城初级中学始终关注其原创性、综合性、自然性、独特性。原创性是指学校文化应该是本校师生共同创造的;综合性是

指学校文化应是活动方式、物质产品和精神产品的综合体现；自然性是指学校的核心价值观已经内化为师生的自觉要求，而不是外在宣传强加或是牵强附会的结果；独特性指的是学校文化应是本校所独有的，是其他学校不可重复的。在这样的指导思想下，龙城初级中学以中华民族传统美德为核心思想，以"忠、孝、礼、义、信"为主要内容，以"厚德、强能、塑美、求真"的校训为主线，以现代工艺和材料为载体与呈现方式开展了丰富多彩的校园文化建设。

与此同时，学校还开展了组织文化、制度文化、活动文化建设，围绕办学理念进行学校教育生态的培育，力争使整个学校成为一个优良的育人生态系统。

五、"人文关怀从细节开始"——以人为本推进和谐校园发展

"以人为本"是学校办学理念的核心内容，特别体现在"关注每一位师生的成长，努力提升每一位师生的生命质量"的管理理念中。管理理念的提出，使学校的管理工作在目标、内容、方式上都有了质的提升。管理就是服务，成为学校的一个行动标准。

为落实这一理念，学校不断开展人性化服务，温暖每位成员。在每一位教职工生日时，由校长代表学校送生日蛋糕和校长亲笔题写的贺卡；儿童节慰问教职工子女，开展亲子活动；充分发挥工会、共青团等群众组织的作用，组织各类外出参观活动；对有特殊情况或者困难的教职工，学校领导及时上门送温暖。

同时以节日为契机，以活动为载体，开展康乐活动。每逢重大节日，如教师节、中秋节、国庆节等，都会精心组织，面向不同的对象群体开展丰富多彩的康乐活动，让教职工们充分感受到学校的关怀。尤其值得一提的是，学校在所有的活动中，都强调平等和团队的观念，让每一位教职工感受到在活动面前是平等的，都能享受到龙城这个大家庭带来的快乐。

设置校长接待日，畅通学校信息渠道。自2007年2月开始，学校设置校长接待日。校长接待日时间为每周一下午3点到5点半，在此期间学校的教职工、学生、家长可到校领导（校长、副校长、工会常务副主席）办公室反映情况和问题、提出建议和意见、倾诉心声、了解情况等。同时公布校领导的电话、电子邮箱等联系方式，保证师生的心声有人倾听，师生的困难有人关注和解决。

强调人本关怀从细节开始，真正从师生的生活、工作和发展需要出发，才能把人本关怀工作做到师生的心灵深处，得到师生的认可和支持。强调人本关怀的更高目标是建设和谐校园，就是把学校建设成为师生心灵的港湾、精神的家园。我们所追求的"和谐"是"君子和而不同"的和谐，是建立在科学、严格的管理基础之上的和谐。这就要求我们做好和谐管理、和谐教育、和谐教学以及和谐人际等方面的工作，让和谐渗透和体现在学校的每个角落、每件事情、每颗心灵中。

人本关怀有力地贯彻了学校"以人为本"的办学理念，极大地推动了和谐校园的建设工作。几年来，人本关怀的工作取得了良好的实效，系列人本关怀活动成为学校团结、凝聚师生战斗力的有力武器。

六、"特色发展引领全面素质提升"——体艺特色彰显素质教育之光

一所追求品牌的学校一定会寻找和建设自己的发展特色。龙城初级中学在构建品牌的道路上始终贯彻"以人为本，为学生的人格和学力发展奠基，为学生的终身发展奠基"的办学理念。在提高学生学业成绩的基础上，更加注重学生综合素质的提升和全面发展，构建体艺特色是学校发展学生特长、进行素质教育的一个突破口。

在体艺特色建设过程中，学校在师资引进、政策扶持、课程安排等方面经过不懈努力，目前已经取得较好的成效。

学校是广东省体育传统学校，多次获得龙岗区篮球比赛初中组第一名，

被评为广东省2006—2009年度篮球项目传统学校。校足球队曾获深圳市2004年"市长杯"初中组第一名,代表深圳市赴德国纽伦堡市参加友好城市邀请赛并取得优异成绩。校合唱团多次在市区获一等奖,2006年年底在第三届"金紫荆大联欢"合唱比赛中荣获金奖。古筝、小提琴、舞蹈、健美操等多个艺术社团百花齐放。

七、"广结友好学校"——校际合作交流推进教育均衡化发展

不同地区的品牌学校都有着鲜明的教育发展特色,进行这种校际交流有利于学校开阔办学视野,拓展办学资源。龙城初级中学致力于与不同地区的品牌学校开展校际交流与合作,建立友好姊妹学校,推进教育均衡化进程。几年来坚持对口援助和帮扶贵州省罗甸县边阳中学以及粤东地区连平中学,扶助贫困生数百人并派骨干教师前往支教。与此同时,学校与香港福建中学结成姊妹学校,推进深港教育交流与合作,有力提升了学校办学质量和品位。

学校坚持优良的办学传统,吸纳传统文化和百家之长,坚持不懈地进行教育管理创新,几年来取得了丰硕的教育成果。1999年和2005年两度被深圳市人民政府教育督导室评为"办学效益显著学校",历年中考综合指标全区第一。学校2006年被评为广东省2006—2009年度篮球项目传统学校,深圳市仅有两所初中获此殊荣。同时,学校还先后荣获了"深圳市教育系统先进单位""深圳市办学效益奖""深圳市安全文明小区标兵单位""深圳市优秀家长学校""深圳市毒品预防教育示范单位""深圳市行业最佳卫生单位""深圳市行业卫生标兵单位""深圳市巾帼文明示范岗""深圳市四五普法先进单位"等光荣称号,成为龙岗区人民称赞和满意的学校。

(本文修订自深圳市优质品牌学校发展论坛上的发言)

以创新精神开展德育研究与改革

——以深圳市龙岗区龙城初级中学为例

跨入新世纪,我们对深圳市龙岗区龙城初级中学的德育工作状况和学生状况进行了认真、深入的调查。本次调查召开了不同层次、不同角度的师生座谈会,还在全校范围内进行了一次各班学生参加的较高水平的随机抽样问卷调查。本次调查可以了解学生对自己、他人、社会和环境的认识态度和价值观,为今后开展德育工作提供可靠依据,对加强和改进德育工作的针对性和实效性有着重要作用。

一、德育现状调查与分析

本次调查实发问卷 276 份,实收 276 份,有效率 100%。此次调查的科学性、系统性较强,信度较高。总体分析如下:

1. 德育价值引领成效方面

(1)中学生"爱国意识强烈,对环境普遍关注"。学生把"出国深造,学成后回国效力""香港、澳门回归那天最激动""下车向国旗敬礼"作为首选。90.6% 的学生认为环境遭到破坏"是全球共同面临的问题,不能等闲视之"。

(2)特区社会环境对学生的正面影响大于负面影响,这是改革开放以来社会全面进步在教育上的具体表现。如中学生所认同的良好公民意识中,既有中华民族传统美德的成分,又有符合全球公认价值观的时代精神成分。在众多影响学生学习的正面与负面因素中，83%的学生坚信"特区的发展需要大量人才，促使我们必须学习更多的知识"。

（3）大多数学生有高尚的品质和崇高的追求。"你希望什么东西永远伴随你"，首先是"丰富的知识"（41.7%），其次是"幸福的家庭"（26.1%）。"你想成为怎样的人"，"有修养的人"（48.6%），"敢于创新、勇于开拓的人"（70.3%）。

（4）较多的学生有强烈的民主管理意识和正义感。"你是否曾就班级或学校的事务提过自己的意见和建议"，排序第一的是"曾正式提出过"（37.7%）。如果见到歹徒作了案正在逃跑，29.7%的同学选择"挺身而出，加入追捕歹徒的行列"。

（5）中学生心理素质比较优良，具备一定的人际交往技巧。在与同学发生矛盾时，"见贤思齐"的占83.3%，找到内在原因，"埋头努力，争取赶上"的占82.6%，显示出较好的交际准则和交往技巧。

2. 存在问题及需高度重视的方面

（1）加大养成教育的力度，进一步强化中学生日常行为规范，增强学生的纪律和法制意识，这是德育工作的重点和难点。学生对穿校服的态度，"勉强"和"被迫"两项高达54%。对学校严禁留长发、怪发，"勉强应付"和"消极抵制"两项达到23.9%。对学校文明礼貌、仪容仪表的要求，"消极应付"和"反感"两项达11.3%。对学校规章制度，"不得不遵守"和"反感"两项达17.7%。这就必须采取深入细致、灵活多样的教育方式，经历认同到内化的过程，取得以情动人、以理服人、自觉改进的德育实效。

（2）大力推进课堂教学改革，提高课堂教学的质量；全面推进课程结构改革，提高学生的创新意识和实践能力，切实减轻学生负担。"平时考虑最多的问题"，87.3%的学生选择"学习情况"。"你最担心的是"，"自己考不上高一级学校"作为首选项占42.2%。"你觉得学习负担如何"，"较重"和"很重"两项占75.8%，"适当"占21%。可见，既要确保教育教学质量的提高，又要切实减轻学生的负担，这是我们要深入研究的课题。

（3）龙城初级中学学生也有特区中学生存在的明显缺陷。问卷结果显示：与信心相比，主要是缺乏耐力和恒心（占46.4%）。可见，加强学生吃苦耐劳和抗挫折训练，特别是树立持之以恒、脚踏实地的学风，仍是我们工作的着力点之一。

（4）如何看待学生判断多元化、追求务实化的问题。在人际关系上，"事不关己，高高挂起"和"冷漠隔绝"两项共占47.5%，61.2%的学生选择"利己又利人"，选择"毫不利己，专门利人"的只占27.2%。学生没有什么豪言壮语，之所以努力学习，是"为自己以后在社会上站得住脚"（30.8%），"求学求知是为了充实自己，丰富人生"（26.1%），"为祖国争光，为家庭争光"（23.2%），而只有6.3%的学生选了"打好基础，将来为祖国多做贡献"。应该说学生判断多元化、追求务实化，这是社会发展在学生身上的一种表现，但如何引导将学生的认识提高或升华到为祖国、为民族的高度，这就需要我们的老师身体力行地做好表率。

（5）要进一步加强班主任工作，发挥班主任在学生德育工作中的骨干作用。大多数学生对班主任是尊重和满意的，但问卷结果暴露出在做学生工作时，班主任主动家访或采取其他方式与家长保持联系，还做得很不够。"当班主任批评你时，你有什么感受？""不安"占46.4%，"不愉快"占44.9%，"不满和无所谓"占4%。"你对班主任的态度是"，"尊重"占72.1%，"崇敬"占13.8%，"反感"占7.6%，"畏惧"占4%。"你认为老师家访对你的成长"，"很有必要"占54.3%，"可有可无"占30.4%，"没有必要"占15.6%，"班主任一次也没有家访"的竟达58%，"用电话或其他方式与家长一次也没有联系"的也高达43.5%。如何提高班主任队伍的师德师风，如何改进和加强班主任与家长的联系，如何深层次地、有效地做好学生工作，这仍是学校教师队伍建设的重中之重。

二、德育工作的思考与措施

在深入调查、分析和研究的基础上，经过认真思考和精心准备，学校召开了龙城初级中学德育工作研讨会，提出了今后德育工作的思路和措施。德育工作实行"九化":德育首位理解的深刻化,德育目标层次化,德育思路简捷化,德育内容具体化,德育途径多样化,德育活动序列化,德育管理科学化,德育科研制度化,德育评价规范化。

1. 德育首位理解的深刻化

德育为首,是社会主义学校的性质所决定的。德育为首,是青少年健康成长的需要所决定的。青少年学生正处于思想品德形成发展期,比成人具有更大的可塑性,是进行思想道德教育的最佳时期。教会学生学会做人,学会待人接物和立身处世是十分重要的,能够使其终身受益。

德育为首,是时代的挑战所决定的。1993年联合国教科文组织在北京召开了"面向21世纪的教育"的国际研讨会,在讨论分析21世纪人类面临哪些挑战时,人的道德、伦理、价值观的挑战被列为第一位。

2. 德育目标层次化

德育目标层次化是指根据各年级的学生认知和心理特点,将德育总目标分解,依次递接,相互渗透,逐步深化。注重思想政治教育、品德教育、纪律教育、法制教育、养成教育、个性心理品质教育六个方面。充分发挥少先队、共青团、学生会三大组织的作用,努力培养学生自我教育、自我管理、自我约束、自我发展的能力。

3. 德育思路简捷化

教育家叶圣陶先生说:"什么是教育?简单一句话,就是养成习惯。"龙城初级中学德育思路可概括为"七个一":"围绕一个目标,贯彻一个方案,完善一套制度,培养一支队伍,突出一条主线,抓好一个难点,形成一个特色,养成好习惯。""围绕一个目标",即围绕龙城初级中学办学总目标开展工作。"贯彻一个方案",即贯彻《深圳市中小学德育一体化方案》。"完善一套制度",即建立和完善一整套德育管理办法和制度。"培养一支队伍",即要建好一支高素质的、高度责任感的德育队伍。"突出一条主线",即突出爱国主义主线,强化"国家意识"。"抓好一个难点",整个德育工作的难点是养成教育。"形成一个特色",以"忠、孝、礼、义、信"为基本内容,弘扬中华民族优良传统美德,构建学校德育特色。

4. 德育内容具体化

德育内容，初中包含七大方向，高中包含八大方面，是一个系统、一个整体。（1）"紧扣三个导向"。紧扣爱国主义、社会主义、集体主义这一政治思想道德教育的价值导向，培养具有辩证唯物主义的世界观、为人民服务的人生观、集体主义的价值观的学生。（2）"把握三个维度"。把道德活动看作人与人（推及社会）之间、人与自然之间、人自身内部三维空间的产物，不要把道德只看作调节人与人之间、人与社会之间行为规范的总和。（3）"形成三个品格"。重视学生性格、人格和国格的形成与培养，性格是个性的核心，人格是做人的风范，国格是民族的脊梁。此外，在实践上，要从每日的仪容仪表、礼仪规范做起。每日在校门建立文明礼仪示范岗，从每日的卫生、纪律、两操、班级量化检查到每月的文明班级评选活动，从点点滴滴做起，从每一件小事做起。

5. 德育途径多样化

采取"三大途径"和"九大方式"。（1）直接性途径：课堂教学主渠道、思想品德课、年级和班级集体活动、团队学生会工作。特点是规划完整、教材系统、队伍专门、时间固定。（2）渗透性途径：各种教学活动、课外活动、隐性课程和校园文化建设。特点是潜移默化、熏陶感化。（3）实践性途径：社会实践、劳动锻炼。特点是强调角色置换和态度体验。"九大方式"：正面灌输、习惯养成、情景模拟、价值澄清、情感感化、传统美德熏陶、隐性影响、实践磨砺和社会网络。连通校内校外、课内课外，学校、家庭与社会，使德育途径多样化、多层面、立体化。

6. 德育活动序列化

认真抓好按学年时间序列和年级序列的德育教育活动。从每学年开学典礼、新生入学、军训开始，结合元旦、"三八"妇女节、"五四"青年节、"六一"儿童节、教师节、国庆节等节日和历史上的重大运动（事件）、时事政治以及学校的艺术节、运动会等，同时按年级序列从初一开始，从"做一个合格的龙城中学学生"到高三的"龙城学子经受国家检验"的教育，形成序列。每一个活动都精心策划，做到"活动育人"，形成有针对性的德育教育序列，并沉淀、凝固为制度。

7. 教育管理科学化

管理是科学，也是艺术。龙城初级中学的德育管理可概括为："建立一个核心，形成两个网络，实行三个机制，推行四个量化"。

（1）"建立一个核心"：成立学校德育小组（核心），以校长为组长，三位副校长为副组长，成员由党支部委员等组成。负责组织、统筹、部署全校德育工作。（2）"形成两个网络"：一是校内育人网络，二是校外育人网络。由学校、家长、家长委员会、警校联合岗组成的系统，确保全天候、全方位、全员育人。（3）"实行三个机制"：对德育队伍实施竞争机制、奖励机制、流动机制，确保德育队伍的活力。（4）"推行四个量化"：即推行"学校德育工作量化""级组长德育工作量化""班主任德育工作量化""科任教师教学中实施教育工作量化"，以确保学校德育工作的到位和落实。

8. 德育科研制度化

"科研兴校"，加强德育科研是提高德育工作水平和德育实效、德育质量的关键。

9. 德育评价规范化

德育评价是提高学校德育管理水平的重要环节。坚持"四大"原则：实事求是的原则，知行统一的原则，发展性原则，全面性原则。通过定期召开学生座谈会、家长委员会等建立信息反馈机制，及时修正和完善德育工作，使学校德育工作科学化、规范化。

（原载2000年12月《特区教育》）

成全每一个"大写的人"

——深圳市龙岗区龙城初级中学厚德教育模式探索与实践

教育的本质是什么？教育的核心是什么？这是古今中外的教育贤哲和普通教育工作者共同思考和探索的问题。近十年来，我国国民经济快速发展，国内生产总值（GDP）增长率每年均保持在10%左右，社会产品极大丰富，人民生活水平日益提高。新的经济社会发展形势对人的素质和教育提出了更高的要求。与此同时，传统的道德规范受到前所未有的冲击和挑战，人们深陷信仰危机、信任危机、道德危机等一系列社会道德问题之中。伦理无序与道德危机已被联合国列为威胁人类文明与历史进步的全球性问题之一。为根治当前道德沦丧、价值扭曲、理想失落等社会弊病，国家适时提出了以"八荣八耻"为核心内容的社会主义荣辱观，确立了与和谐社会相适应的主导价值体系。深圳市也提出，发展到现今阶段，深圳市有条件、更有必要致力于城市人文精神的建设，致力于人的全面发展，让大写的"人"在特区的旗帜上高高飘扬。

龙城人在三届领导班子的带领下，紧紧抓住当今世界最缺失的"道德"元素，逐步摸索，形成了龙城特色的厚德教育模式。龙城初级中学前身为1995年创建的龙城中学，第一任校长张景隆（原清华大学附中副校长）将"自强不息，厚德载物"的清华校训深深地融入龙城人的血脉中；1998年，第二任校长臧动旗帜鲜明地提出"以人为本，以德为先"，大力弘扬"忠、孝、礼、义、信"等中华民族传统美德；2004年龙城初级中学初高中分设，在龙城初级中学，我明确提出了"以人为本，为学生的人格和学力发展奠基,为学生的终身发展奠基"的办学理念,提炼出"厚德、强能、塑美、求真"的校训,进一步丰富和拓展了"德"的内涵与外延。为进一步贯彻区教育局新一届班子提出的"坚持科学发展观,努力建设龙岗和谐教育"的指导思想和工作方针,龙城初级中学初步探索,构建起厚德教育模式。

一、厚德教育的内涵

"德",意为品行,如"君子进德修业"(《周易·乾》),同时也有万物本性之意,如"有天德、有地德、有人德,此谓三德也"(《大戴礼记·四代》)。《大学》有云:"大学之道,在明明德,在亲民,在止于至善。"德始终是中华民族传统文化的核心,是古今治学为人的终极目标。《世说新语》讲"百行以德为首",《大戴礼记》言"行德则兴,背德则崩",《资治通鉴》云"才者,德之资也;德者,才之帅也",都说明在人的素质架构中,最核心最根本的是人的德行,它对人的其他素质和能力起着统帅作用。

"厚",推崇、重视、培养也。"厚德"语出《周易·坤》,"地势坤,君子以厚德载物"。厚德教育模式就是从人的本质出发,尊重人、关注人的全面发展,特别突出人的德行的培养。这就要求教师为人师表、率先垂范,师生都要将"爱国守法、明礼诚信、团结友善、勤俭自强、敬业奉献"的基本道德规范上升至崇高的理想,正确的世界观、人生观、价值观的高度。要求广大师生具有强烈的社会责任感和高度的爱国主义精神,树立为振兴中华而不懈学习、不懈奋斗的远大志向。

二、厚德教育的哲学思考

厚德教育的理论核心是人的全面发展。人的全面发展理论是马克思主义的重要理论之一。人的全面发展是指人的劳动能力、社会关系和个体素质诸方面自由而充分地发展,包括人与自我的和谐发展、人与社会的和谐发展、人与自然的和谐发展三个方面。

人的素质不断提高是人的全面发展的基本内涵。在一个人所应具备的多方面素质中，道德素质居于核心地位并起着主导作用，为其他素质的形成与发展提供精神动力和道德导向。

厚德教育不仅着眼于个体的道德发展，而且创造出一个有利于个体和社会和谐发展的道德环境。每个人的发展都不是一个孤立的过程，他人和社会的发展为个人的发展提供了条件和手段，每个人都需要从他人和社会那里获取自身发展的支撑和动力。没有人际关系的和谐，每个人都处在自我封闭或与他人的对立之中，人的全面发展就必然是一句空话。加强厚德教育，让人在生活中自觉用道德规范自己的言行，摆正个人利益、集体利益和国家利益之间的关系，在和谐的社会中感受生活、帮助他人，从而在与社会、与他人的交往中不断发展、完善和升华自己，最终实现全面发展的目标。

此外，人是大自然的一部分，大自然永远是养育人类的母体，也是人类发展的最后界限，人只能在大自然提供的限度内获得发展。老子云："人法地，地法天，天法道，道法自然。"加强厚德教育，才能做到尊重和敬畏自然，实现与自然的和谐相处，达到"天人合一"的境界。

三、厚德教育的目标

教育家苏霍姆林斯基认为，学校教育的任务不仅要传授知识和培养能力，而且要给每个人精神生活的幸福，使每个人有丰满的内在精神世界，能享受劳动和创造的欢乐，具有个人的尊严感、荣誉感和自豪感，并且使每个人遵守神圣的、不容争议的、不可动摇的行为准则，而这一切都离不开道德和道德教育。他指出，和谐全面发展的核心是高尚的道德，因此，在个性全面和谐发展教育中，德育应当居于首位。

厚德教育从教育的本质出发，抓住事物的主要矛盾和矛盾的主要方面，即人的素质中最核心、起主导作用的"德"，培养和提升学生的德，进而实现学校的办学理念——以人为本，为学生的人格和学力发展奠基，为学生的终身发展奠基。厚德教育的目标是把学生培养成全面和谐发展的人，这一目标的实现在实质上包含三个子命题：学生的成长，教师的进步和学校的发展。

学生发展目标：德、智、体、美、劳全面发展，成为全面和谐发展的人。这是厚德教育目标的根本。

厚德教育模式着眼于受教育者及社会长远发展的要求，以面向全体学生，全面提高学生的基本素质为根本宗旨，为学生的人格和学力发展奠基，为学生的终身发展奠基，把学生培养成全面和谐发展的人。厚德教育模式下，学生的发展目标是：学会认知，学会做事，学会共处，学会生存。学生应当成为崇尚自然、富于理想、品德端正、敢于创新、自信自强、善于合作、人际和谐的全面和谐发展的人。

教师发展目标：在师德、师能、师技等方面全方位进步。这是厚德教育目标的关键。

教师是教育的关键，要应对教育事业所特有的复杂性和丰富性，需要教师富有更高的灵性和悟性。厚德教育模式就是要造就一批胸怀教育理想的教师。厚德教育模式下的教师应当向着"师德高尚、师能突出、师技精湛"的目标前进。师德高尚就是要爱国守法、敬业爱岗、诲人不倦、乐于奉献，把教育神圣奉为信条。师能突出就是要终身学习、全面发展、丰富内涵、提升境界，追求人格和事业的完善。师技精湛就是要业务精通、精益求精、坚持不懈地提升自身的专业素养和综合能力。

学校发展目标：创建全国优质品牌学校。这是厚德教育目标的综合体现。"优质"指的是学校的师资强、学风浓、校风正、质量高。"品牌"是一所学校的象征和综合实力的最好体现。创建全国优质品牌学校就是要把龙城初级中学发展成为学生向往、家长满意、社会认同、超越区域，在更广阔的空间里具有实践意义和示范效应的学校。

四、厚德教育的架构

1. 厚德教育模式下的德育

厚德教育模式下的德育包括三个方面的内容："九化"德育目标，"三制"德育管理模式和"学校、家庭、社区新型互动德育模式"。

（1）"九化"德育目标即德育首位理解的深刻化，德育目标层次化，德育思路简捷化，德育内容具体化，德育途径多样化，德育活动序列化，德育管理科学化，德育科研制度化，德育评价规范化。

（2）"三制"德育管理模式即中层干部落级、年级组长负责、班主任包干到位的管理体制；以班主任名字命名的班级荣誉责任体制；班级量化考核制。"三制"德育管理模式构成了有机整体，使学校德育工作水平在合作与竞争的环境中不断迈向新台阶。

（3）"学校、家庭、社区新型互动德育模式"即通过一系列的方式和途径，使学校、家庭、社区增强沟通理解，最大限度发挥教育合力，为学生成长成才提供优质的德育条件和环境。

2. 厚德教育模式下的教学

厚德教育模式下的教学要树立"三体"厚德教学观，立足"人人育德，德育人人"的课堂教学主阵地，开发厚德教育校本课程。

（1）树立"三体"厚德教学观。"三体"即着眼于学生的整体，立足于学生的个体，充分发挥学生的主体。着眼于学生的整体，就是学校实行平行分班，不放弃任何一个学生；立足于学生的个体，即学校尽可能地开发适合学生和学校发展的校本课程，开展各种社团活动以及课外活动；发挥学生的主体，就是要求教师注重培养学生的求知欲，体现学生学习的主体性，活跃课堂教学的氛围，精讲少讲，从而提高课堂教学效益。

（2）立足"人人育德，德育人人"的课堂教学主阵地，即鼓励全员育人，在各学科教学中鼓励教师有机地渗透德育教育，帮助学生在学科学习中形成正确的人生观、价值观。

（3）开发厚德校本课程。龙城初级中学立足教育之"德"，开足开齐所有规定的课程。尤其重视厚德校本课程的开发，如每年在初一年级开展"告别童年，健康成长"——亲子同乐活动，在初二年级开展"感恩与责任同在，青春与梦想齐飞"——青春奠基仪式，开设法制教育讲坛，开展体艺节、科技节、社团活动、课外活动等，通过校本课程开展厚德教育。

3. 厚德教育模式下的队伍建设

人是学校办学资源中最重要的资源，队伍建设是学校长期的工作重点。厚德教育模式下的队伍建设以"德"为核心，其内容包括教师队伍建设、干部队伍建设和后勤队伍建设。

（1）教师队伍建设：通过校本培训、榜样示范、规范要求等提升教师师德；通过举办教育叙事论坛、外派考察学习、专家讲座、英语沙龙等活动，提高教师技能；通过教学基本功竞赛、命题比赛、教学设计竞赛等业务竞赛，师徒结对、课题研究等活动提高教师技能。最终实现学校的教师发展目标。

（2）干部队伍建设：厚德教育模式下的干部队伍建设即通过培训、引导和教育，倡导自我修炼，力争让每一位干部（管理者）都成为"仁者，智者，勇者"。打造一支"互相尊重、互相欣赏""互相补台、好戏连台"的良好的管理团队；克服浮躁、急功近利的不良风气，形成务实高效的良好风气；强化人本管理，倡导"管理就是服务"的理念，在实施过程中体现人文关怀。让每一位干部（管理者）在共同进步中实现个人发展目标，把个人发展与集体发展和谐统一。

（3）后勤队伍建设：坚持以人为本，增强服务意识，努力建设一支政治强、作风正、业务精的后勤队伍。加强职业道德教育，激励后勤干部职工干一行、爱一行、钻一行、精一行，提升工作境界，加入到全员育人的行列中，不断提升自我、完善自我，力争在平凡的岗位上做出不平凡的贡献。

4. 厚德教育模式下的学校文化建设

学校文化是学生可持续发展的生态环境，既包括校园环境文化等硬件建设，也包括组织文化、制度文化等软件建设。厚德教育模式下的校园文化建设围绕"厚德"展开，服务于"厚德"教育目标的实现。

学校大力开展校园文化环境建设，以"厚德，强能，塑美，求真"为主线,以"忠、孝、礼、义、信"为主要内容,以典型人物和故事为载体,建设校园文化,赋予每一面墙、每个角落生命,让它们成为鲜活的德育资源。在人际关系文化中突出厚德思想,追求简单、真诚、和谐的人际关系。同时,在校园制度文化、组织文化中也渗透和体现"厚德"的思想。

五、厚德教育的评价机制

评价机制是厚德教育模式的重要组成部分,它在更高层面上引导着教师和学生的人生观、价值观,引导着学生的人生追求,引导着教师修养的方向,引导着教师综合素养的提升。

(1)"全面评价,多元评价,以德为首"的原则是厚德教育评价原则的特色和核心。"全面"指的是在评价中引入学生评价、家长评价、同事评价、行政领导评价。"多元"指的是评价中从多个角度、多个层面进行综合评价。通过全面评价、多元评价,追求评价的全面和完整。厚德教育的特色和核心集中表现在评价中始终坚持以德为首。无论是对教师的任用提拔、职称评定、年度考核、评优评先,还是对学生的评优评先、德育考核、毕业考评,学校都同样坚持这一原则。

(2)"过程评价,结果评价,以德为先"。过程评价和结果评价反映了厚德教育评价机制对教育实践整体的监测和关注。二者的有机结合,形成了对教育实践的整体评价。在过程评价和结果评价中,学校坚持以德为先,使德成为贯穿评价过程始终的重要因素。

(3)师德问题一票否决制。在学校管理中,我们始终坚持师德问题一票否决制。"德才兼备,以德为先"和师德问题一票否决制,引导着学校教师追求真理、无私奉献、崇尚民主、尊重学生,帮助学生树立正确的人生观、价值观,培养学生优良的道德品质,使学校厚德、科学、民主、和谐的氛围更加浓郁。

(本文修订自2005年深圳市龙岗区教育局构建素质教育模式的专题研讨)

深港交流：开拓学校内涵发展新路径

近年来，龙岗教育取得了长足的发展，教育规模和质量有了质的飞跃。区教育局提出"走内涵式发展道路"的转型思路，全区教育出现了新的发展态势和良好局面。深圳市龙岗区龙城初级中学充分依托深港地缘优势，与香港教育研究中心合作，组织学校骨干力量赴香港福建（观塘）中学开展校际交流活动，为提升深港教育的交流合作层次，弘扬爱国教育传统，开拓学校内涵式发展道路迈出了重要步伐。

一、深港交流的背景

2006年4月23日至24日，我作为龙城初级中学的校长，率学校考察团一行赴香港地区学习考察。在香港福建中学，考察团通过听课、座谈等方式获得了对学校的直接体验。这次考察迈出了龙岗区深港校际交流的第一步，考察团成员开阔了视野，丰富了思想，取得了宝贵的经验和丰硕成果。同年12月15日，在香港福建中学55周年校庆之际，我和香港福建中学校长林建华分别在友好学校协议书上签字并互赠纪念品，两校正式结为"姊妹校"。两校"姊妹"关系是在深圳新课程实验全面开展的背景下确立的，有利于龙城初级中学进一步拓宽视野，汲取香港特别行政区先进的教育理念和现代化管理办法，提高办学水平。

龙城初级中学全面贯彻国家的教育方针，提出了"关注每一位师生的成长，努力提升每一位师生的生命质量"的管理理念。学校多次被深圳市人民政府教育督导室评为"办学效益显著学校",历年中考综合指标全区第一,先后荣获了"深圳市教育系统先进单位""深圳市安全文明小区标兵单位""深圳市优秀家长学校"等光荣称号。

香港福建中学由旅港福建商会于 1951 年创办,并于 1991 年成为当地政府直接资助学校。建校 56 年来,各方面取得了骄人成绩,目前在校学生近 2000 人,在香港特别行政区很有影响力,是一所传统的爱国教育学校。学校重视资讯科技知识,培养五育并重、中英兼擅、意志坚强、体魄强健、视野开阔、爱国爱港、喜爱艺术及具备创意的学生,成为商会办学的一个典范。办学硕果累累,根据香港特别行政区教育部门最新颁布的学校增值指标,学校最佳六科增值与主要三科增值均达第九级,是全港中学成绩最佳校之一。《重点视学报告》亦指出:"该校已在多个范畴上建立特色,并逐渐凝聚了教师和学生对学校归属感,表现良佳。"

二、深港交流的思考

2006 年,我率队赴香港福建中学学习考察,交流了两校现状、办学模式和办学思想等。同年 10 月 30 日,香港地区班主任工作研究会深圳交流团访问龙城初级中学。期间,两校领导就班主任工作各自交流了看法,一致认为班主任工作是学校管理的重中之重。12 月 7 日至 8 日,学校全体英语教师赴香港福建中学交流学习,此次交流学习使学校英语教师受益匪浅,感受到了香港福建中学英语教师扎实的教学功底,学习到了香港福建中学创新的英语教学模式及先进教学手段,开阔了教师们的眼界。

2007 年 1 月 31 日至 2 月 2 日,学校学生合唱团赴香港地区参加"金紫荆大联欢"合唱比赛。2007 年 2 月 3 日至 4 日,学校又派年级组长、科组长赴香港福建中学考察学习。在此次交流中,双方对两校中层干部队伍留下了良好印象,双方领导就队伍建设方面各自交流了意见。2007 年 4 月 4 日至 6 日,香港福建中学师生团体一行来到龙城初级中学参观、交流。活动期间,两校的教师进行了学科教学的经验探讨,通过观摩龙城初级中学教师讲授的"快速阅读"和"快速作文"课,以座谈形式,相互交流经验,共享教学成果。两校学子交流活动异彩纷呈,两场学生会干部交流、四场篮球友谊赛、八节优质教学课以及班主任工作、学科教学、学生体艺与学生团队等精心组织的活动,使学子们增长了知识,加深了友谊。在密切的互访交流活动中,两校不仅收获了友谊,而且收获了各自的办学经验。

一是收获了良好的办学理念。香港福建中学的办学理念是"爱护家庭、关心社会、热爱国家、放眼世界、自主学习、与时并进、才德兼备"。不管在教学,还是在德育等方面,始终把理念灌输其中,每个环节都不脱离理念支持,正因如此,该校成为香港地区较有影响的学校,虽历经半个多世纪的风云变幻,在香港地区特殊的地域环境和人文环境下,始终保持着爱国主义教育传统和纯朴校风。龙城初级中学"以人为本,为学生的人格和学力发展奠基,为学生的终身发展奠基",始终围绕"一个核心,两大工程,三大建设,四个重点"开展工作,以"走内涵式发展道路,提高学校的办学质量和办学品位"为核心,全力打造"塑师工程、名师工程",努力进行"书香校园、平安校园、和谐校园"建设,重点抓好"队伍建设、德育和科研"各项工作。这些工作的开展自始至终都没有脱离学校的办学理念。学校形成了良好的校风,取得了优良的办学质量和效益,赢得了广大人民的认可和信任。

二是收获了特色的办学模式。香港福建中学不仅是一所传统的爱国教育学校,也是一所特色鲜明的学校。学校提出"以人为本、两文三语、多元智能、科技创新、全面辅导、家校合作"的理念,充分体现了在香港地区多元化办学条件下学校的个性与特色。尤其值得借鉴是,香港福建中学有非常实用、高效完善的英文教育体系。它的英语课堂教学形式、英语教育发展方向、学生英语能力培养模式,对现在深圳市推行新课改有很多启迪和借鉴意义。龙城初级中学是广东省体育传统学校,多次获得龙岗区篮球比赛初中组第一名,被评为广东省2006—2009年度篮球项目传统学校。校足球队曾获深圳市2004年"市长杯"初中组第一名,代表深圳市赴德国纽伦堡市参加友好城市邀请赛并取得优异成绩。在两校特色教学交流活动中,两校领导纷纷表示将根据各校实际,互相借鉴,开展特色教学交流活动,让更多学生不仅在传统学科上拔尖，而且让他们在传统学科以外的某一领域拔尖，真正培养出素质生、特长生。

三、深港交流的展望

龙城初级中学高度重视交流工作，确立了工作方针和方向，从"着眼于未来，着力于素质"的工作目标出发，面向21世纪，面向世界，面向未来，采取"走出去，请进来"的方式，进行校际交流。通过交流，一方面增进了友谊，加强了对深港教育的了解；另一方面，学习和了解了不同社会的文化，传承了文明。学校以"高度重视，提高认识；扩大宣传，增进友谊；提高素质，全面育人；健全制度，加强管理"为指导思想，将交流工作作为学校教育教学工作的重要组成部分，纳入学校教育教学计划和学校发展规划。让深港交流，进一步成为拓展学校内涵发展和品牌特色的有效途径。

（原载2007年4月《深圳侨报·教育周刊》）

下 编

可推广的变革和创新

义务教育均衡化是一项长期性、系统性和战略性工程。

区域德育发展规划的研制与实践
——以深圳市龙岗区为例

一、区域德育发展规划的战略思考

（一）经济社会状况是制定区域德育发展规划的战略起点

龙岗区地处深圳市东部，与香港、东莞、惠州等城市处于"30分钟交通圈"内，是珠三角东部城市群的地理中心，是深圳市自然环境优美、土地资源最集中、最具发展潜力的行政区。龙岗区自1993年已进入快速城市化阶段，原住民从农民变成市民，生活方式随着城市化的进程发生了极大的变化，而外来人员的涌入也使城市的生活更加多元化。城市化进程要求人们必须具有城市人的道德文明，而现有德育培养模式由于存在种种缺点不足以胜任培养适应城市文明进程的学生的要求。

1. 生活方式与生活环境的变革产生的道德新问题

随着城市化进程的推进，许多家长赋闲在家，无事可干，精神生活的贫乏使他们难以给孩子提供健康的生活方式。同时现有家庭生活状态给学生造成了"读书无用，不读书照样能生活得很好"的价值影响，孩子的竞争意识与学习动力不足。作为移民城市，除了家人，几乎所有人都是陌生人。很多孩子孤独地待在家里，慢慢迷上了网络和电子游戏，甚至玩游戏成瘾，导致严重的心理问题。

2. "陌生人世界"的道德教育问题

龙岗区的城市化既是本地人的城市化,更是"外地人"的城市化。外来人员的孩子有相当一部分随着父母进入龙岗区当地的民办学校或公办学校就读。在城市中生活的外来务工人员子女明显感觉到自己与城市孩子之间的差距,且大多数认为这种差距是难以逾越的。而外来务工人员中,低学历、低收入人口占了很大比例,他们往往不能很好地承担起子女的家庭教育,这些问题对龙岗区城市文明的建设是非常不利的。

3. 特殊地域引发多元价值冲突

深圳作为特区,市场经济的快速发展带给学生一些消极价值观,如拜金主义、享乐主义和极端个人主义等,致使传统道德的某些积极因素被淡化,社会也因而突然迷失方向。教育者(家长、教师)一方面对自身道德判断产生困惑,权威性极大减弱,另一方面,对德育内容的真理性心存疑虑,往往面临着道德问题的两难选择。

(二)和谐教育、教育生态学理论是区域德育发展规划的指导思想和理论依据

1. 和谐教育

和谐教育以科学理论为指导,以社会发展需求与人的自身发展需求相和谐为宗旨,协调并整体优化各种教育因素,创设和谐的育人氛围,使受教育者在德智体美诸方面得到全面和谐发展。它是素质教育的一种模式。

从2006年年末,龙岗区开始在全区范围内推进和谐教育。以"尊重教育本质,崇尚和谐理念,体现和谐精神,追求和谐理想"为立足点,强调教育发展的六个和谐:教育体制和谐、教育体系和谐、教育环境和谐、教育管理和谐、教育教学和谐、校园和谐。

2. 教育生态学

教育生态学认为教育系统内的诸要素不仅在内部相互联系、相互作用形成一定的结构,而且教育系统内外也进行着能量、物质和信息的交换,具有多维镶嵌性。它强调生态平衡和生态区域发展。在这种理论指导下的区域

德育发展规划要求是：协调好德育及其结构、功能之间，以及能量流、物质流、信息流和价值流之间的相互关系和影响；改革现行的德育结构，保障德育生态系统的动态平衡和良性循环；不仅要考虑德育自身内在发展的规律，协调好德育内部的各种关系，还要处理好德育系统与区域之间的关系，通过实现区域德育发展来推动区域有机体的整体和谐发展。

二、龙岗区中小学德育发展规划的系统设计

（一）以学生为本为主旨，科学设计德育价值取向和具体内容

依据国家关于中小学德育的目标和要求，结合龙岗区的实际情况，经过民主讨论，确定龙岗区中小学德育的价值追求为：培养高素养的现代中国人。德育内容方面，在遵守国家对中小学德育目标和内容要求的基础上，按照"培养高素养的现代中国人"的价值取向，结合龙岗区中小学生实际情况，把德育目标和内容具体化，按照中小学教育规律，合理编排具体德育内容的顺序。从小学到高中的德育内容按照个人与自己、与家庭、与社会、与国家的关系顺序排列，并依据这一关系网络自下而上、从低到高来构建现代德育内容。

（二）以德育实效性为目标，探索德育工作多元化的途径和方法

高度重视学校德育这一主途径，突出其主导作用，充分发挥其多样性的特点；充分利用家庭德育生活化、渗透性的优势和特点；拓宽社会德育途径，发挥社会德育途径多层次、全方位、多渠道的特点，积极引导，削弱负面影响。

在教育实践中，德育工作者要灵活运用多种方法。以语言说理形式为主的方法，包括谈话法、讲授法、讨论法、辩论法、演讲法等；以形象感染形式为主的方法，如典型示范法、情感陶冶法、影视音像法、小品表演法等；以实际训练形式为主的方法，如社会实践法、调查访问法、参观考察法、训练法、大型活动法等；以品德评价形式为主的方法，如奖惩激励法、表扬鼓

励法、评比选优法、操行评定法等。

（三）以体制机制创新为途径，推动德育运行体制机制改革

1. 推动龙岗区德育运行体制改革

首先，实现从"学生的德育工作是学校的事情"、"学生的德育工作要学校、家庭、社会共同配合"到"学生的德育工作是全社会的共同责任，是一种政府行为"的思想转变。

其次，建立区级德育工作领导小组，由区教育局局长、党委书记任组长，负责协调建立区域性大德育体制。建立区级德育研究指导中心，由区教育局副局长任主任，区教师进修学校、区基教科等业务部门作为执行主体，负责全区德育的研究与指导工作。各街道教育办要根据区级德育工作体制，设立相应的街道教育办"德育工作领导小组"和"德育研究与指导中心"。

第三，学校建立校长负责的德育工作体制。坚持"德育为先、育人为本"的理念，"全员育人、全面育人、全程育人"的原则，遵循有利于"五育"相融的实施原则，让校长从学校实际出发构建有效的德育工作管理体制。

2. 推动龙岗区德育运行机制改革

建立德育工作专项研究工作机制，优化管理机制。从区、街道到学校探索建立德育工作专项工作机制。区教育业务机构改变以往条块分割的管理格局，从德育研究、德育管理、队伍培训等不同角度对基层学校进行整体性指导，改变指导力量单打一的局面，努力形成区教育局各业务部门共同关心德育、共同参与德育建设的良好局面。同时，建立常态下个性化的检查督导制度，激活评价机制。区教育督导室以基层学校原有德育工作水平和学生道德水平为基础，制定评价标准，进行个性化的发展性评价。学校建立一系列学科德育管理、评价制度，推进校内全员育人的机制；建设社区德育的有效机构和制度，形成全方位育人的机制；建立校本德育课程，完善学校德育创新的机制；建设德育示范群体和德育先进个人，强化学校德育的激励机制。

三、龙岗区德育发展规划的实施策略

（一）以德育科研课题破解区域德育发展难题

课题研究的过程既是对龙岗区各学校已有经验提炼与升华的过程，也是破解德育难题，寻找德育发展新的生长点的过程。目前龙岗区学校共获得13项国家课题、26项省级课题，每所学校都有区级德育课题。2009年"深圳市龙岗区农村城市化进程中德育模式变革研究"获得省级重点课题立项后，成立总课题研究与指导组，区教育局副局长任组长，基教科、教师进修学校、直属学校校长以及具有较强研究能力的教科研人员作为课题组主要成员。第一，选准子课题研究学校。共选择了14所在德育研究与实践基础上比较好的学校作为子课题研究单位，要求校长为课题组长，科研主任、德育骨干以及优秀班主任为子课题组成员。第二，确定研究实践基地学校。共确定了68所学校为课题研究基地学校，积极借鉴总课题组的理论研究成果，开展研究成果的应用研究。以"深圳市龙岗区农村城市化进程中德育模式变革研究"为统领，由68个小课题组成课题群，研究内容涵盖了当前龙岗区德育面临的各种热点和难点问题，探索出了在农村城市化进程中区域德育推进的模式。

（二）建立学校德育工作绩效评价体系

教育行政部门建立有效的德育评价、激励体系，引导督促学校切实把德育工作放在首位，树立大德育观，积极推进德育创新，不断提高德育工作的针对性和实效性，是区域推进德育发展的重要策略。龙岗区根据国家相关政策文件的精神，结合实际发现的问题，逐渐探索建立了学校德育管理的一整套考核评价指标体系。按照考评指标体系，组织区级德育示范学校的评审认定工作，几年来共评出70所区级德育示范学校。

（三）整体构建区域德育课程

1. 地域资源教材化，把隐性素材转化为显性教材

龙岗区是2011年第26届世界大学生夏季运动会的主办地，为了弘扬大运会精神，区教育局主导编写了《小学生大运读本》《中学生大运读本》《龙岗区中小学诚信教育读本》，既向中小学学生系统地介绍了大运会的知识，又对提高龙岗区各类学生的文明素质发挥了积极而有效的作用。

2. 德育活动课程基地化，加强区域性德育载体建设

全区已建成中小学社会实践基地、东江纵队博物馆、客家民俗博物馆等20多个社会实践基地。依托这些实践基地，学校组织学生参加课外活动和社会服务，让学生在实践中形成道德认识，培养道德情感，从而增强德育的实效性。

3. 隐性德育课程项目化、生活化，让道德观念渗透在活动中

一是隐性德育内容项目化，如开展"阳光好少年""书香校园"等项目，通过这些项目潜移默化地塑造学生的精神品格。二是德育情境生活化，通过真实的生活情境、真实的身边人物促进学生品德的内化，如开展向"全国十佳少先队员"学习的活动等。

（四）分层推进，打造区域德育品牌

德育区域推进，旨在全体动员、平行发展、总结经验、发现典型，重在科学引领，避免各学校德育工作低层次、盲目地重复。我们建立了三个层面的区域推进模式。一是"基础德育"，重在落实《中小学生日常行为规范》。二是学校特色德育，在实现基础德育的基础上，各校建立自己的德育特色和风格，突出重点。龙岗区有两所学校入围深圳市德育特色学校创建资格学校，另有八所入围龙岗区德育特色学校创建资格学校。三是区域德育品牌，在各校形成德育特色的基础上，通过整合推广，形成具有整体效应的区域德育品牌。龙岗区共有12所学校通过深圳市中小学德育示范学校评审，部分学校的经验还在全市推广。在广东省中小学校开展的德育工作绩效评估中，龙岗区共有11所学校以优异成绩通过省专家团评估，得到参评专家的好评。

（原载2012年12月上半月《教育专刊》）

农村城市化进程中基础教育德育现状与变革研究
——以深圳市龙岗区为例

一、农村城市化进程中基础教育德育研究的背景

当前我国正处于社会转型期,农村城市化、经济全球化、信息全球化不断发展。深圳毗邻港澳,1980年设置经济特区,经过30年的发展,这个昔日的边陲小镇,一跃成为一座颇具规模又举世闻名的现代化城市。但深圳市市辖各区社会经济发展并不均衡。龙岗区位于深圳市东部,1993年建区,是深圳市面积最大的一个区。从城市化进程来看,龙岗区在经济快速发展的推动下,逐步进入了农村城市化发展的轨道。2003年,深圳市出台《关于加快宝安、龙岗两区城市化进程的意见》,促使龙岗区农村城市化加速发展。而随着2009年1月8日国务院批准的《珠江三角洲地区改革发展规划纲要(2008—2020年)》,粤港澳经济一体化正式启动,龙岗区不仅要快速完成农村城市化,而且还要迅速进行城市现代化。由此可见,龙岗区城市化发展既是经济发展的结果,又明显受到政策主导。从人口结构来看,龙岗区2009年全区常住人口为201.12万人,户籍人口为37.95万人,非户籍人口为163.17万人。[①] 非户籍人口比例高达81.03%,是典型的移民型城市化。综上所述,龙岗区农村城市化有三个突出的特

[①] 龙岗区2009年国民经济和社会发展统计公报 [EB/OL].http://www.lgtj.gov.cn/.

点：经济驱动的农村城市化，政策主导的快速城市化，典型的外来移民型城市化。在这三个特点的影响下，龙岗区学校德育工作面临前所未有的挑战。

随着我国经济的快速发展，农村城市化、城市现代化进程必将不断加速，龙岗区属深圳原关外地区，一体化进程加快，是中国农村城市化、城市现代化发展的一个缩影。研究把握龙岗区转型时期中小学校德育的实际态势，找出解决德育工作突出的问题和可行性对策，积极探索适合社会与人可持续发展需要的德育理念与有效的德育实践模式，具有较高的实践价值，必将为国家转型发展中区域德育工作的开展提供范式与借鉴意义。

本研究以深圳市龙岗区基础教育阶段的学校为研究对象，采取分层分类整班随机抽取样本的办法，以中层学校为主，优质学校和薄弱学校为辅的抽样思路，从龙岗区11个街道中抽取34所中小学作为样本，其中高中7所（含职校和3所民办），中学13所（含6所民办），小学14所（含7所民办）。抽取学校样本时考虑了学校的等级、地域、生源特点、办学体制等因素，具有较广泛的代表性。

二、基础教育德育现状及存在问题

（一）家庭德育现状及存在问题

1. 家长教育观念

家长教育观念是指家长对孩子教育所持的价值观、态度、期望等。父母的教育观念毫无疑问会对孩子的思想观念产生影响。父母的教育观念主要体现在三个方面：人生追求、道德观念、对子女的教育期望。父母的人生追求、道德观念会对孩子的品德形成产生潜移默化的影响，而父母对子女的教育期望则是直接对孩子施加影响。

（1）人生追求。

问卷中，当问及家长目前最想做的事情是什么时，81.58%的家长选择"让子女成长得更好"，而把"赚更多的钱"放在较次要的位置。

当被问及"在你的一生中,有了以下什么东西才算没白活?"时,家长的选择顺序为:健康＞家庭＞事业＞友谊＞知识＞金钱＞爱情＞名誉＞权力＞信念(见图1)。从中可以看出,家长对健康、家庭、事业、人际关系(友谊)比较看重。

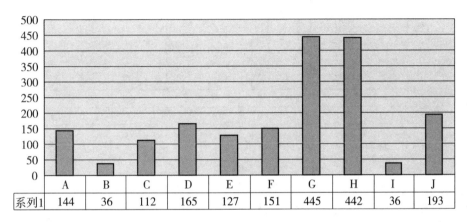

A 金钱　B 权力　C 名誉　D 友谊　E 爱情　F 知识　G 健康　H 家庭　I 信念　J 事业

图1

从父母的人生追求取向上看,总体是务实而守常的,即充分认同传统价值观念,但适应现代城市生活的价值观念略显不足。绝大多数家长家庭观念较强,重视健康,关心子女的成长,重视事业和人际关系。相对而言,家长把对权力和金钱的追求放在最次要的位置,当然也有少数家长存在重视权力和金钱的思想。

(2)道德观念。当问家长,在下列品行中,你认为最应该提倡哪几种?共选三项(图2)。

家长的选择结果是:孝顺＞诚信＞守法＞勤俭＞宽容＞负责＞自律＞明礼＞友善。

我国传统上是一个礼俗社会,讲究礼仪,对人友善,但从选择来看,部分传统价值观念正在衰落。

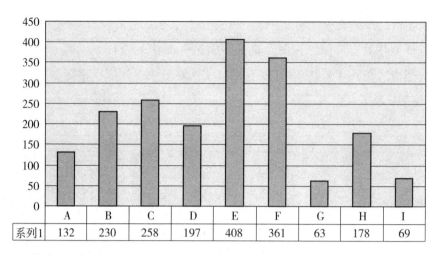

	A	B	C	D	E	F	G	H	I
系列1	132	230	258	197	408	361	63	178	69

A 自律　B 勤俭　C 守法　D 宽容　E 孝顺　F 诚信　G 友善　H 负责　I 明礼

图2

当被问及，下列品行中，你认为未来社会最不能容忍的是哪几种？共选三项（图3）。

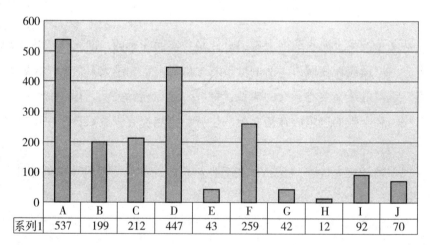

	A	B	C	D	E	F	G	H	I	J
系列1	537	199	212	447	43	259	42	12	92	70

A 欺骗　B 浪费　C 自私　D 不负责任　E 吝啬　F 懒惰　G 不守时　H 保守　I 专制　J 迷信

图3

从选择结果可以看出，家长认为社会最不能容忍的品行排前三位的是欺骗、不负责任、懒惰，而对专制、迷信，对不守时、保守等与现代城市生活不相容的现象容忍程度很高。

（3）对子女的教育期望。

教育期望就是家长期望把孩子培养成什么样的人。从调查结果来看，与现代教育观念有相当大的差距。一方面，大多数家长重身体成长轻品德修养，重成绩轻能力，特别是现代社会必须具备的学习能力和生存能力。当被问及，"在孩子的成长中，你认为最重要的是什么"时，家长的回答依次为：身体、心理素质好（71.52%），品德好（12.86%），学习能力强（9.49%），生存能力强（6.13%）。说明在对孩子的教育上，绝大多数家长把孩子的身心健康放在最重要的位置上，只有少数家长把品德培养放在最重要的位置上，不重视学生生存能力和学习能力的养成。另一方面，家长十分重视学生的学业情况。当问家长，"平时与孩子在家中经常谈些什么"时，52.80%家长的选择的是学习生活，选择思想交流的仅为28.29%。这一特点也可以从教师问卷中得到验证，76.21%的教师认为家长平时与教师交流信息时，最关心的是学生的学业成绩。

2. 亲子关系

从问卷调查结果可以看出，整体上龙岗区大多数学生与父母的关系较为融洽。小学生与父母的关系最融洽，初中生与高中生则是融洽但不亲密，随着学段升高，爆发冲突的可能性快速增长。

对于小学生，当问及"是否会与父母发生冲突"时，63.66%的学生回答很少发生或偶尔有，回答没有印象的为26.62%，说明亲子间很少发生冲突。

对于初中学生，当问及"与父母的关系是否融洽"时，58.01%的学生回答很融洽，有14.65%的学生回答与父母很少交流，回答有时紧张、有时融洽的为26.89%，这说明会与父母发生冲突的学生比例高达40%以上。初中学生正处于心理断乳期，与小学生相比，发生冲突的可能性增加。

对于高中学生，当问及"你是否觉得父母不理解你，总是以家长的身份强迫你做不愿意做的事情"时，回答不是的有32.30%，是的有8.89%，回答有些时候是的为57.33%。可以看出高中学生会与父母发生冲突的比例超过

68%，经常会冲突的接近9%。与初中学生相比这一比例大大提高，这与学生的自我意识发展、社会化程度提高有关。

3. 家长教养风格

家长的教养风格对孩子的身心健康有着重要的影响。从问卷调查结果来看，民主平等的教养风格占主导，传统的溺爱放任、专制粗暴退居次要地位。当问家长，"孩子与同学、老师出现矛盾时，你一般怎么做？" 86.66%的家长回答的是问清楚原因，帮孩子分析人际关系；10.04%的家长仍会以压制的方法对待学生，让孩子向同学、老师道歉。当问及"孩子考试成绩不理想时，你常常怎么做？"，85.74%的家长回答会帮助孩子分析原因，只有7.21%的家长会严厉批评。说明多数家长是民主平等型的家长。

4. 家长心理健康水平

家长心理健康状况测量采用的是世界上最著名的心理健康测试量表之一——《症状自评量表SCL-90》。该量表共90个项目，由9项因子构成，分别是：躯体化、强迫症状、人际关系敏感、抑郁、焦虑、敌对、恐怖、偏执、精神病性。按SCL-90成人群体症状自评量表的计分标准，本研究将心理健康状况分为三个等级：总均分为1~1.99，表示无明显症状；总均分为2~2.99，表示有轻度心理症状；总均分在3以上，表示有中度以上心理症状。统计发现：家长群体有明显心理症状者为0.5%，有轻度症状者为6.1%。详细数据如表2：

表2 家长心理健康状况数据表（%）

	躯体化	强迫症状	人际关系	抑郁	焦虑	敌对	恐怖	偏执	精神病性	其他	总均分
无	91.1	79.8	87.0	89.1	91.6	86.0	93.6	90.3	93.4	86.3	93.4
轻度症状	8.2	18.4	11.8	9.4	7.4	12.7	5.4	8.9	5.9	11.8	6.1
中度以上	0.7	1.8	1.2	1.5	1.0	1.3	1.0	0.8	0.7	1.8	0.5

小结：总体来看，多数家长仍是传统美德的维护者，但对守时、开放等适应现代城市生活的品质不够重视。在子女教育方面，重智育轻德育、重知识轻能力的现象很普遍，说明家长的教育观念存在偏差。家长心理健康状况良好，教养风格民主平等，亲子关系融洽但不亲密，亲子冲突比较普遍。

（二）教师德育现状及存在问题

本研究主要从师德修养、德育理念、德育技能三个方面来观察教师德育现状及存在问题。教师道德，简称"师德"，是一种职业道德。德育理念即教师对德育的理性认识和信念；德育技能是教师有效开展德育活动的相关技能。

1. 师德修养

（1）职业道德。教师师德观念分化明显，可归纳为三个层次：合乎道德、更道德、高尚。16.86%的教师认为，"教师只是一种职业，在道德水平上不应该比从事其他职业的人要求更高"（合乎道德），30.93%的教师认为"应有高于一般公民的道德水平"（更道德），51.72%的教师认同"应有高尚的道德水平"，后两项合计所占比例为82.65%。说明绝大多数教师认可教师应该有高的道德水准。

（2）职业感受。即对所从事职业的心理接受程度，会直接影响到教师的责任感。教师的职业认同度较高，但职业满意程度不高，由认同到满意的比例呈现较大幅度衰减。当问到"你喜欢教师这个职业吗？"回答非常喜欢的为17.26%，喜欢的是49.84%，一般为28.34%，不喜欢占4.56%。非常喜欢和喜欢的所占比例超66%，说明多数教师对教师这个职业是认同的。但当问"如果有可能，你是否愿意调离教育工作岗位？"回答依次为：无所谓（17.16%），不愿意（40.69%），愿意（42.16%），可以看出有接近60%的教师并不满意自己的职业，说明教师自身的满意度与社会对教师职业的要求还没有完全融合。

（3）职业规范表现。教师的职业规范表现整体上是积极的、正面的，表现比较好的方面依次为爱岗敬业、团结协作、严谨治学、热爱尊重学生，但热爱尊重学生与前三项相比有较大差异；在举止文明、廉洁从教、尊重家长方面表现很差。

2. 德育理念

教师的德育理念会直接影响教师培育学生品德的方法和态度。在如何看待德育功能问题上，教师的意见存在分歧，总体来看认为德育的功能应该是培养健全人格的所占比例较大。有13.16%的教师认为德育的本体功能是育德，13.65%的教师认为培养符合社会需要的人是德育最大的功能，69.9%教师认为培养健全人格是德育的功能，3.29%的教师认为培养高度适应性的人是德育的功能。

3. 德育技能

（1）正当行为控制。在正当行为控制方面，主要表现为不少教师存在语言暴力，多数教师对体罚行为容忍度高，即使在相对易控制的小学阶段，教师体罚或变相体罚现象也很普遍，多数教师认同对问题学生采取"适当惩罚"措施。当问及"你对有的教育工作者在学生出现错误时采取体罚行为的看法是什么？"时，结果如表3：

表3 教师对体罚的态度（%）

反对	可以理解	赞同	总计
31.81%	62.97%	5.22%	100.00%

当问到"有一些老师经常用'笨蛋''脑袋进水了'等语言斥责'差生'，你身边有这样的教师吗？"回答有的为38.74%，没有的有61.26%。可以看出，接近四成的教师认为身边存在言语暴力，说明这一现象在相当一部分教师中是存在的。当被问及"对待问题学生，你赞成适当的惩罚措施吗？"回答不赞成的有18.95%，赞成的有81.05%。说明绝大多数教师把"惩罚"当作对待问题学生的常用手段。

在小学生问卷中，当问及"对老师体罚或变相体罚（如罚站、罚大量抄书等）现象的认识"时，回答依次为：没有（43.69%），经常（7.01%），偶尔（44.20%），其他（5.10%）。从数据结果可以看出，接近95%的小学四五年级学生反映教师有体罚或变相体罚现象。

（2）师生交流。

当问及，"你什么时候更想与学生沟通？"结果如表4：

表4　想与学生沟通时刻统计（%）

A	B	C	D	E	总计
77.95%	12.12%	4.55%	3.37%	2.02%	100.00%

A 学生出现困惑时　B 学生对您有误解时　C 课程需要时　D 活动需要老师参与时　E 什么时候都不想

从调查结果来看，大多数教师能适时地与学生进行沟通交流。教师对学生日常的情感支持十分有利于其身心健康发展，有利于融洽师生关系。

（3）冲突管理。

从社会学角度看，师生冲突指的是师生之间由于价值观、目标、地位、资源多寡等方面的差异而导致的直接的、公开的，旨在遏止对方并满足自己的互动过程。

从问卷调查结果来看，师生冲突较为普遍，57.10%的教师认为难教的学生的数量呈上升趋势。

根据调查，可以把教师冲突管理的策略主要归纳为四种：排斥，直接做出情绪反应；强制，利用自身的优势或家长权威压制学生；回避，采取拖延或交给其他人处理的办法；接纳，把冲突当作教育机会，在尊重学生的基础上使师生达成共识。前三种方法是建立在"赢—输"思维模式上，最后一种是建立在"双赢"思维模式上。大多数教师能有效地进行冲突管理，但采取强制、排斥的比例超过了20%，教师冲突管理的策略仍有待加强。

问卷中有一个问题是："在教育学生的时候，如果学生顶撞我，我会……"，9.82%的教师回答，"比较生气，感叹如今的学生太叛逆"（排斥）；11.29%的人回答，"找出学生观点的不对之处，强调我的观点是正确的"（强制）；8.0%的教师回答，"冷处理，或者交给其他人处理"（回避）；

3.44% 的教师是"让学生叫家长来,家长老师一起教育"(强制);67.43% 的教师回答,"允许学生说出自己的观点,引导其深化认识,认清正确的观点"(接纳)。

(4)希望提高的德育能力。

在下列德育能力中你认为当前教师最需要提高的前三项能力是(图4):

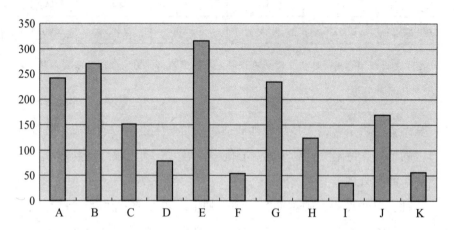

A.了解学生的能力　B.灵活运用德育方法　C.组织德育活动的能力　D.语言表达能力　E.心理诊断与辅导能力　F.把握德育内容的能力　G.调动学生主体积极性　H.创设良好德育环境的能力　I.个别谈话能力　J.转化后进生能力　K.德育科研能力

图4

从图中可以看出,当前龙岗区教师最需要提高的四项能力分别是:心理诊断与辅导能力、灵活运用德育方法、了解学生的能力、调动学生主体积极性。少数教师认为需要提高个别谈话能力、把握德育内容的能力、语言表达能力和德育科研能力。

(5)教师心理健康水平。教师心理健康状况测量采用通用的《症状自评量表SCL-90》。统计发现:教师群体有明显心理症状者为4.1%,有轻度症状者为17.0%。表明教师群体心理健康水平偏低,主要问题是抑郁和强迫症状。分类数据见表5。

表5 教师心理健康状况数据表（%）

	躯体化	强迫症状	人际关系	抑郁	焦虑	敌对	恐怖	偏执	精神病性	其他	总均分
无	74.4	65.8	76.3	71.6	79.2	77.3	84.3	78.7	83.3	74.4	78.9
轻度症状	18.2	26.9	18.9	20.4	15.3	17.0	12.6	16.7	12.8	19.9	17.0
中度以上	7.3	7.3	4.8	8.0	5.5	5.6	3.1	4.6	3.9	5.6	4.1

小结：总体来说，当前龙岗区教师在德育方面表现较好，多数教师对师德要求高，在职业规范方面表现良好。但也存在一些较为突出的问题，如对职业认同不满意，师生关系融洽而不平等，师生冲突较为普遍，德育技能缺乏，心理健康水平偏低，师德观念高标准，教育方法简单化。

（三）学生德育现状及存在问题

1. 小学生德育现状及存在问题

（1）爱国情感。大多数学生能通过各种爱国主义仪式体验到爱国主义情感。当问小学生学校升国旗、唱国歌的感受时，回答"每次唱都很激动"和"觉得庄严、肃穆"的总计为71.84%，说明大多数小学生能从日常的仪式中体验到强烈的爱国情感。

（2）理想信念。学习兴趣和家长要求是影响小学生的学习的主要因素。在家长的影响下，部分学生的学习目的有明显的功利化倾向。当问及"你读书的主要目的是什么"时，学生回答依次为："年纪还小，在家里不读书没事干"（3.16%）；"家长的严格要求，为了将来能有一个理想的工作"（39.12%）；"我对学习本身感兴趣"（46.14%）；其他（11.58%）。从以上数据中可以看出，回答为了理想工作和对学习本身感兴趣分别为39.12%和46.14%。可见，学生的学习目的主要受兴趣和家长的影响，学习兴趣影响高于家长影响，说明大多数学生有明确的学习目的，但相当一部分的学生学习目的有明显的功利化倾向。

（3）价值观。当问及小学生对将来的追求时，15.8%的学生回答，"有很多钱，有名牌车，有高档别墅"等；5.64%的学生回答，"当上领导或老板"；8.87%的学生回答，"过普通老百姓的正常生活"；69.69%的学生回答，"做一个对社会有益的人，不要成为社会的包袱"。从中可以看出，金钱本位、官本位思想对小学生产生了相当的影响，影响比例接近30%。

这表明在价值取向上，小学生价值取向多元，多数学生与主流价值观一致，但也有相当一部分存在崇拜权力、崇拜金钱的倾向，说明传统文化中的官本位思想和社会转型中出现的拜金主义思潮对少部分小学生也产生了影响。

（4）传统美德。①感恩教育。本项指标主要通过学生生活中的一个细节来观察，即学生是否知道父母的生日。通过调查发现小学阶段不知道父母生日的为27.04%。在一部分孩子的潜意识里，父母的生日等信息并不值得自己关注，因为它"唾手可得"。说明感恩教育有待加强，家长表达爱的方式有待改善。②文明礼貌。当问小学生"你离（回）家时主动与父母或者长辈礼貌地打招呼吗"，60.02%的学生回答"每天都能做到"，29.70%的学生回答"有时能做到"，回答"很少打招呼"的为8.71%，回答"从不打招呼"的为1.57%。可以看出有高达四成的小学生不能做到每天主动与父母或者长辈礼貌地打招呼，说明小学生礼貌教育有待加强。③生活自理。在支配自己的零花钱方面，首先想到买学习用品或课外读物的有29%，将它存起来以备急用的为60%，用来购买玩具、饰品或零食的仅占8%，娱乐消费的占2%。说明孩子从小就知道节俭，合理消费，并有储蓄意识，初步懂得理财，初步养成了为自己的梦想做储蓄、做准备的好习惯。当问到"收拾书包、整理房间、洗头洗澡这些事情谁来做"时，83.18%回答"自己主动完成，不用父母提醒"，说明绝大多数学生能做到自己的事自己做，但也有17%的学生存在问题。

（5）社会公德。①爱护公物。当问及"对于课桌椅等学校公物被损坏的情况，你的看法是？"74.54%的学生回答"课桌椅质量还可以，是有些同学故意损坏的"；16.62%的学生回答"课桌椅损坏了也没赔偿过，损坏了无所谓";5.69%的学生回答"课桌椅质量太差,一不小心就坏了"。可见,超过七成的小学生认为学生中有故意损坏公物的现象,而且因为制度方面的缺失——损坏公物不用赔偿,部分学生爱护公物意识淡漠。②讲究公共卫生。当问他们,"在校园内见到纸屑、果皮、饮料袋等垃圾时,如何表现",12.49%的学生回答"视而不见,不是自己丢的,与己无关";73.35%的学生回答"主动拾起来放到垃圾桶里";6.24%的学生回答"有人要求我就捡,不要求就不管它";7.92%的学生回答"其他"。可见大多数同学有很强的爱护公共环境的意识,但是不主动积极的学生也接近27%。

(6)遵纪守法。当问及"你在以往的生活中,遇到过被欺负、威吓或者索要钱物的事情吗?"时,6.69%的学生回答"遇到多次",23.86%的学生回答"遇到一两次",两项合计比例高达30.55%,说明这种严重违纪行为在小学阶段已较严重。

(7)网络行为。82.8%的学生报告有上网的行为,其中68.30%的学生需要经过父母同意,12.05%的学生不会受到父母的干涉,2.45%学生会去同学家或网吧上网。说明有相当比例的小学生在上网时可能存在监管缺失的问题。小学生辨别是非的能力相对其他学段的学生较弱,这部分学生可能更易受到不良网络文化的影响。

(8)心理健康。小学生心理健康状况的测量采用华东师范大学心理学系周步成主修的《心理健康诊断测验(MHT)》。该量表由8个内容量表构成,分别是:学习焦虑、对人焦虑、孤独倾向、自责倾向、过敏倾向、身体症状、恐怖倾向、冲动倾向。按MHT量表的计分标准,凡某个内容量表标准分在9分及9分以上时,就必须制定特别指导计划,即视为心理问题检出。8个内容量表的标准分相加得到各个量表的总焦虑倾向标准分,总分0~55分为正常者,56~64为有问题者,65分以上(包括65分)则问题较为严重,需要制定特别的个人指导计划,即视为心理问题出检率。按此计算,小学生心理问题检出率为1.8%,分类数据见表6:

表6 小学生心理健康状况数据表（%）

	学习焦虑	对人焦虑	孤独倾向	自责倾向	过敏倾向	身体症状	恐怖倾向	冲动倾向	全量表检出率
小学生	27.8	0.8	0.5	5.9	2.1	4.2	1.4	21.3	1.8

由此表可以看出，龙岗区小学生心理健康状况总体较好，心理问题集中在学习焦虑和冲动倾向两个指标上。这也从一个侧面反映出学业负担是影响小学生心理健康的重要因素。

小结：龙岗区小学生整体上表现良好，大多数学生有良好的爱国情感，有明确的学习目的，绝大多数小学生能做到生活自理，能合理地消费并能主动地储蓄，心理健康状况良好。但也存在一些突出的问题，如：不讲礼貌、社会公德缺失、少数学生上网缺少监管，并已开始出现一些严重的违纪行为。

2. 初中学生德育现状及存在问题

（1）爱国情感。对于初中生，当问及"作为一个中国人，你觉得怎样？"回答很自豪和自豪的占90.77%。说明绝大多数学生对中国人身份有高度的认同感，具有强烈的民族自豪感。

（2）理想信念。对于初中学生，当问及"你现在想过将来要干什么吗？"11.18%的学生回答"没考虑过"；38.11%回答"有，但是不太清晰"；28.88%回答"有，而且比较清晰了"；21.83%回答"已经开始付诸行动了"。可见，绝大多数学生对人生是有追求的，有明确人生目标的学生比例占到了50.71%。当问初中学生，"你认为一个人的成功主要靠什么？"回答依次为："成功完全靠机遇"（4.51%）；"靠父母的本事和社会关系"（2.55%）；"只有靠自己，靠谁都没用"（31.63%）；"除了自我努力，还需要学校、家庭、社会的帮助"（61.31%）。说明多数学生能够正确地进行成功归因，但极少学生仍受传统文化中落后价值观的影响，把成功归因于靠父母的本事和社会关系。

（3）价值观。当问及"什么力量促使你学习"时，回答依次为：为了满足父母或老师的期望（14.18%）；考上大学，以后能谋得一份好工作（31.36%）；出人头地，光宗耀祖（11.18%）；成为一个对社会有用的人

（43.29%）。说明学生价值取向分化明显，这也是社会变迁中价值取向逐渐从社会本位趋向个人本位在学生身上的折射。

问及他们"如何处理个人和集体关系"时，学生回答依次为："先满足个人利益，再谈集体利益"（5.94%）；"看情况而定"（30.90%）；"集体利益绝对高于个人利益"（23.76%）；"集体利益为主，兼顾个人利益"（39.40%）。可见，极端的利己主义、个人至上的观念并没有得到大多数初中学生的认同，相反在充分肯定集体利益的前提下，希望尽量地兼顾个人利益的学生比例在上升（39.40%），但也有部分学生集体主义观念不稳定，这是社会价值观的时代特色在他们身上的集中反映。

以上数据表明，价值观念变迁已经对初中阶段的学生产生了很大的影响，价值取向呈现个人本位与社会本位分化。在处理集体与个人关系方面，多数学生认同集体利益优先，但能正确认识两者关系（集体利益与个人利益统一）的学生比例偏低。

（4）传统美德。①感恩教育。初中学生不知道父母生日的为33.28%，其中有12%连大概的时间都不能说出。这表明初中学生的感恩教育有待加强。②勤俭观念。节俭意识、劳动观念较差，其中节俭意识随零花钱增多而降低。初中阶段的问卷中，在零花钱方面设置了两道题目："每月有多少零花钱"，"作为一名消费者，在生活节俭方面是怎样做的？"这两道题目相关联，所以本研究对这两题进行交叉列联表分析（已剔除自相矛盾的回答）。

表7 频数分布

	200元以上	100～200元	50～100元	50元以下	总计
根据需要申请，有合理去向	17	27	76	212	701
较多，无计划	30	29	42	33	120
较少，无计划	23	36	89	189	395
有多少，花多少	8	5	9	5	31
总计	78	97	216	439	1247

表 8　频率分布（%）

	200 元以上	100～200 元	50～100 元	50 元以下	总计
根据需要申请，有合理去向	21.79%	27.84%	35.19%	48.29%	56.21%
较多，无计划	38.46%	29.90%	19.44%	7.52%	9.62%
较少，无计划	29.49%	37.11%	41.20%	43.05%	31.68%
有多少，花多少	10.26%	5.15%	4.17%	1.14%	2.49%
总计	100.00%	100.00%	100.00%	100.00%	100.00%

从两个问题的结果可以看出，56.21%的孩子会根据需要向父母申请零花钱，有合理的去向，接近45%的父母每月会给孩子一定的零花钱，31%的孩子认为父母给的零花钱较少。按零花钱的档次来分析，除每月零花钱在200元以上的孩子外，其余各档次中认为零花钱少的孩子的比例都高于认为零花钱多的孩子的比例，即使零花钱在200元以上的孩子中，仍有接近30%的人认为零花钱较少。另外一个现象是，回答"有多少花多少"的学生的比例随着零花钱的档次升高而升高。根据上述分析，可以看出，初中学生的节俭意识较差，父母给的零花钱越多越不利于培养节俭意识。

对于初中学生，当问到"你在家里经常做洗衣、洗碗、擦地、整理房间等家务事吗？"有9.5%的学生基本不做家务，30.51%的学生是家长要求做才做，23.01%的学生有固定的家务活，36.97%的学生回答"家里忙时会主动做"。总的来看，只有23.01%的学生有固定的家务活，根据家长要求或偶尔帮忙的约占到67%，说明多数学生对待家务劳动的态度并不积极。

（5）社会公德。①诚信意识。对于初中学生，当问到"你买东西时，如果售货员多找了钱，你会……"70.83%的学生回答"主动退还"，16.69%的学生认为"售货员发现了就退还给他"，10.90%的学生认为"不声不响地走开"，1.58%的学生回答"售货员发现了也不退还给他"。从数据中可以发现，有接近30%的学生不会主动退还，说明在面对金钱利益冲突时，有不少学生会放弃诚实守信的原则。②爱护公物。当问初中学生"在学校看到水龙头没关好或教室没人时灯还亮着,你是怎么做的?"只有65.87%的学生会很快关好水龙头或关上灯,回答没怎么注意到或注意到了但没怎么管的占了8.86%,回答有时候会去关好的为25.26%。说明接近35%的学生没有爱护公物的意识。③尊老爱幼。当问初中学生"你在公交车上看到老人、孕妇和小孩会让座吗?"58.84%的学生回答"一看到就会让座";29.98%的学生回答"其他人都不让座时,就让座";6.71%的学生回答"别人要求让座,就让座";4.47%的学生回答"不会让座"。可以看出接近六成的初中学生有尊老爱幼的观念,并能在行为中表现出来。"别人要求让座,就让座""其他人都不让座时,就让座"两项合计高达36%,说明这部分学生还没有把尊老爱幼外化为自觉的行为,甚至还有少数学生根本就不遵从这一社会公德。④讲究公共卫生。当问初中学生"在公共场所,如果你的手里有了废弃物,你通常怎么做?"时,4.12%的学生回答"反正有人打扫,随手就扔了";6.37%的学生回答"如果周围很脏就扔";43.10%的学生回答"实在找不到垃圾桶才扔";只有45.80%的学生回答"从不乱扔"。说明多数学生不讲公共卫生,公德意识缺乏。⑤责任感。"当学校举行大型活动需要学生无偿帮助时,你会……",5.11%的学生回答"没好处,不想浪费时间";5.63%的学生回答"若被选中,也尽量推托",两项合计超过10%。46.13%的学生回答"若被选中,则参加";回答"积极争取"仅为43.13%,不到一半。为集体活动做力所能及的贡献是初中学生培养社会责任感的有效途径,从这些数据来看,学生社会责任意识还很不够。

(6)遵纪守法。当问初中学生"你所认识的学生中有被别人勒索过的吗?"只有64.76%回答没有,也就是说,有35.24%的学生回答有同学被别人勒索过。说明在初中阶段这种较为严重的违纪行为较严重,与小学阶段相比有恶化的趋势。当问初中学生"你所认识的学生中有吸食摇头丸或'止咳露'喝等软性毒品的吗?"93.15%的同学回答"没有",6.85%的同学回答有。说明这种高危行为在初中阶段已开始出现。

(7)青春期教育。当问初中学生"对于初中学生异性之间的交往问题,你有什么看法?"66.74%的学生回答"正常的同学交往,但要注意交往的尺度",其中9.20%的学生认为"顺其自然,产生早恋也无所谓",10.63%的学生认为"到了恋爱的年龄只要发现自己喜欢的异性同学就要主动追求",两项合计为19.83%,说明接近20%的学生赞成早恋。还有13.42%的学生回答"避免或尽量减少与异性同学交往"。说明这部分学生出现了心理闭锁现象,这是不利于身心健康发展的。当问及"对于初中学生异性之间发生性行为有什么看法"时,有71.20%的学生认为不好,影响身心健康;回答不好、没什么、无所谓的占了29.8%;7.74%的学生认为只要两厢情愿就可以了。考虑到对初中学生来说这一行为的高危性,学校要大力加强青春期教育,否则,学生中间出现性过错的可能性会很大。

（8）网络行为。通过调查研究发现,基本不上网的学生占23.60%,每周上网1～5小时的为56.33%,6～10小时的为12.58%,10小时以上的为7.49%。对于是否访问过黄色网站,接近12%的学生回答有过,其中2.40%的学生回答经常有。说明初中学生上网比较普遍,而对如何利用互联网,绝大多数学生存在着困扰。较为突出的问题是,有不少学生访问黄色网站,极少数学生经常访问黄色网站,如何引导学生正确地利用互联网成为龙岗区学校德育的当务之急。

（9）心理健康。初中生心理健康状况测量采用通用的《症状自评量表SCL-90》。统计发现:初中生群体有明显心理症状者为2.1%,有轻度症状者为13.4%。分类数据见表9。

表9 初中学生心理健康状况数据表（%）

	躯体化	强迫症状	人际关系	抑郁	焦虑	敌对	恐怖	偏执	精神病性	其他	总均分
无	89.8	69.1	75.5	82.6	82.9	78.8	83.6	80.9	86.6	81.9	84.5
轻度症状	8.0	25.6	18.9	13.5	13.5	15.6	12.4	14.8	10.3	14.1	13.4
中度以上	2.2	5.3	5.6	3.9	3.5	5.6	4.0	4.2	3.1	4.1	2.1

小结：初中学生整体情况良好，绝大多数具有民族自豪感，有明确的人生目标，但功利化倾向明显。价值取向呈现明显的多元化。传统美德弱化、社会公德失序、青春期教育缺位、网络行为失范、法纪观念淡漠，少数学生存在心理健康问题。

3. 高中学生德育现状及存在问题

（1）爱国情感。对于高中学生，当问及"在发生涉及有损国家利益的事件后，你的思想和行为会发生怎样的变化？"时，回答"感到很愤慨，并采取了一些行动"和"感到愤慨，也会用言语宣泄不满"的学生比例分别为27.85%、62.81%，两项比例合计高达90.66%；回答"感觉是国家的事，操心太多也于事无补"的为5.78%；回答"过自己的日子，该干啥干啥"的为3.56%。说明绝大多数学生能体验到强烈的爱国情感，具有维护国家利益的意识。高中学生对如何理性表达自己的爱国情感已经有了自己的思考，希望用理性的方法展现自己的爱国主义行为。

（2）理想信念。当问及"你现在是否有一个追求目标，即自己将来要过怎样的生活"时，回答依次为："有，很清楚"（47.91%），"不是很明确"（47.46%），这两项合计超过95%；回答"还没有"的为4.63%。与初中学生相比，这一比例明显下降，说明随着学生年龄增长人生目标逐渐清晰。当问及高中学生，"你认为决定事业成功的最重要因素是什么"时，回答依次为：命运（4.44%），家庭背景（4.74%），个人努力（66.67%），机遇（24.15%）。说明大多数学生对事业成功有正确的归因，即基于能力本位——个人努力和机遇，但也有少数学生呈现出非理性归因——命运，传统亲情伦理文化中落后的夫贵妻荣、父功子荫观念仍对少数学生产生了影响。当问高中生"你对共产主义理想怎么看？"回答依次为："人类美好的未来，一定能实现"（30.43%）；"是美好的，但不一定能实现"（51.40%）。认可共产主义理想的占81.83%。但认为不一定能实现的比例比认为一定能实现的比例高出20%，说明对人类社会共同理想从认同到信奉还有相当的距离。认为"是一种空想，不能实现"的为9.01%，"不清楚"的为9.16%，说明超过18%的学生连认同都还没有达到。当问高中学生是否有信仰时，25.75%的学生回答有，

48.80%的学生回答没有，回答说不清的为25.45%，说明高中学生存在信仰缺失问题。

以上分析说明绝大多数学生在个人理想方面有明确的人生追求、积极的人生态度，多数学生认为成功主要取决于自身努力和人生信念坚定；在社会理想方面，对共产主义认同程度远高于信奉程度，共产主义信念不坚定，存在信仰缺失问题。

（3）价值观。当问高中学生"你未来的主要奋斗目标是做一个什么样的人"时，回答依次为：政府官员（22.39%），专家学者（21.79%），企业家、大老板（43.88%），普通劳动者（11.94%）。从数据中可以看出，绝大多数学生不愿意成为普通劳动者，学生奋斗目标排第一位的是企业家、大老板，说明职业声望和社会地位是学生价值取向的出发点，获取权利、崇拜金钱的思想对学生有较大影响。

（4）传统美德。①感恩教育。高中学生中有31.93%的学生不能说出父母的生日，说明高中生的感恩教育同样需要加强。②文明礼貌。当问高中生"见到老师，你是否会主动问好？"59.85%的学生回答"经常都有，尊敬师长是美德"；33.88%的学生回答"很少，只有在碰到自己的课任老师的情况下"；6.27%的学生回答"基本没有，比较难为情"。从中可以看出，高中学生有近四成的学生不能做到主动向老师打招呼，文明礼貌存在一定问题。③勤俭观念。在合理消费方面，绝大多数学生能根据家庭的经济状况合理消费，但也有极少数学生存在攀比、仇富现象。当问及"假如你的家庭经济困难，你会买手机吗？"回答"不买"和"量力而为"的比例高达98.91%，但也有2.09%的学生回答"想方设法要买"。

（5）社会公德。①诚信意识。学生的诚信意识很差，会在物质利益的诱惑下或外界压力下做出不诚信的行为。对于高中学生，当问及"你有过考试作弊的经历吗？"11.76%的学生经常作弊，57.44%的学生有过作弊经历，8.48%的学生回答有心无胆。可见，有超过90%的高中学生在学业压力下，有作弊的企图或曾经作弊。②遵守公共秩序。在遵守公共秩序方面，当问高中学生"在食堂排队买饭，或其他排队办事的场合，你通常会怎么做？"时，只有65.13%的学生回答"按顺序排队,决不插队",而回答"有急事才插队""经常插队"的比例分别为28.49%、6.38%,两项合计为34.87%。说明高中学生多数能遵守公共秩序,但与文明社会的要求相比仍有很大的差距。③讲究公共卫生。当问高中学生"在公共场所,如果你的手里有废弃物,你通常怎么做?"0.44%的学生回答"别人扔,我也扔";48.82%的学生回答"实在找不到垃圾箱才扔";8.28%的回答"如果周围很脏,就扔";只有42.46%的学生回答"从不乱扔"。说明多数学生不讲究公共卫生。④环境意识。当问高中学生"你对因全球变暖而导致的'温室效应'所持的态度?"时,22.70%的学生回答"非常害怕,恐慌地球环境恶化,人类不能再赖以生存";44.36%的学生回答"有点害怕,已经能感觉到气候变暖";23.59%的学生回答"害怕,但是我将大声疾呼,让大家一起保护环境",三项合计为90.65%。表明学生对环境恶化感到担心。可以看出,尽管大多数高中学生有很好的环境保护意识,但从不乱扔垃圾的学生却只有42.46%,形成了明显的反差,说明德育工作中出现了"层次错位",重视高层次的道德观念的培养,忽视了基础性的行为规范的养成教育。⑤责任感。对于高中学生,当问到"如何看待著名歌手丛飞,资助失学儿童和残疾人超过150人,累计捐款物达300多万元,而自己生病却拿不出足够的住院费"时,67.06%的学生回答"应该向丛飞学习,尽可能帮助别人";17.13%的学生认为"丛飞做过头了,很难学习";3.55%的学生认为"丛飞很傻";12.26%的学生的回答是"其他"。说明多数高中学生具有学习丛飞,帮助他人,回馈社会的高层次责任意识。但在面对身边的具体事例时,就有了较为明显的偏差。当问到"你对当学生干部一事是怎样看的?"时,57.25%的学生表示"当学生干部应起到带头作用,配合老师为同学服务";7.25%的学生认为"当学生干部会得罪同学,影响学习,不愿意干";32.25%的学生回答"没有看法",但也有3.25%的学生回答"当学生干部很有面子,享有特权,可以得到好处"。回答愿意为同学服务的学生不到六成。说明学生知行不一,学校德育错位。

(6) 遵纪守法。当问到"社会青年强行向同学索要财物该怎么办"时,

7.01%的学生回答"自认倒霉,花钱消灾,以后躲着他们,并将事情隐瞒下去";11.04%的学生回答"坚持原则,拒绝给予,对方如以武力攻击,自己也还以颜色";75.67%的学生回答"可以暂时向对方妥协,记住对方的特征,迅速报告老师、家长和当地派出所,若有机会,可拨打110报警电话求助";6.27%的学生回答"先给,回去再召集自己的一班兄弟,狠狠回击"。从数据中可以看出,接近25%的学生不能采取正确的方式保护自己,或者是逃避,或者是用非法手段应对非法行为。

(7) 青春期教育。对于高中学生,当问及"你对在中学阶段谈恋爱有何看法?"时,7.26%的学生回答"可以促进学习",40.44%的学生认为"是正常的身心需要",35.11%的学生回答"为时尚早",17.19%的学生认为"影响学习"。从中可以发现,有47.7%认可中学阶段谈恋爱,明显高于初中学生对这一问题持相同看法的比例。但当问高中学生"有性冲动怎么办"时,42.05%回答不知道,6.69%的学生回答"肆意发泄",2.08%的学生回答"惊慌失措",49.05%回答"转移注意力"。也就是说,超过一半的学生没有正确应对性冲动的正确方法。高中学生身体发育已经成熟,但性心理成熟还有一定的滞后性,与初中学生相比,更加迫切需要进行青春期教育。

(8) 网络行为。对于是否访问过黄色网站,34%的学生表示访问过黄色网站,经常访问黄色网站的有3.14%。高中学生中访问黄色网站的比例相当高,几乎是初中学生的三倍。

(9) 心理健康。高中生心理健康状况测量采用通用的《症状自评量表SCL-90》。统计发现:高中生群体有明显心理症状者为3.4%,有轻度症状者为20.2%。分类数据见表10。

表10 高中学生心理健康状况数据表(%):

	躯体化	强迫症状	人际关系	抑郁	焦虑	敌对	恐怖	偏执	精神病性	其他	总均分
无	86.2	54.9	63.1	70.7	72.6	71.7	77.6	69.8	80.3	72.6	76.4

续表

	躯体化	强迫症状	人际关系	抑郁	焦虑	敌对	恐怖	偏执	精神病性	其他	总均分
轻度症状	11.3	35.2	29.1	22.8	21.9	21.4	18.9	24.6	14.2	20.7	20.2
中度以上	2.5	9.9	7.8	6.4	5.5	6.9	3.4	5.6	5.5	6.7	3.4

小结：高中学生整体情况良好，绝大多数学生具有理智的爱国情感和明确的人生目标，但功利化倾向明显。价值取向明显呈现多元化。传统美德弱化、社会公德失序、青春期教育缺位、网络行为失范、法纪教育有待加强，学生心理健康问题水平偏低。

4. 基础教育阶段学生德育的共性问题

（1）理想信念价值观方面存在的问题。①理想信念功利化，人生信仰缺失。从本研究中对各学段的问卷分析可以看出，当前各学段的学生，大多数都具有明确的人生目标、理想信念，但功利化倾向较为明显，学生设定的人生目标往往指向社会地位、经济地位、政治地位高的社会角色。②价值取向多元化。学生的价值取向总体上是积极向上的，但倾向"自我"的占有较大的比例。在价值观多元化的时代应该允许学生做出不同的价值选择，但一味地从个人利益出发，必然导致学生自私自利。

（2）道德方面存在的问题。①社会公德失范。学生在社会公德方面存在较为突出的问题。从公序良俗方面来看，不遵守公共秩序，不讲究公共卫生，不爱护公共财物的现象在各学段的学生中都存在，并且所占比例还很高。另一个比较突出的问题是诚信意识缺失，学生往往在利益诱惑下或外界压力（如学业压力、维持关系）下，做出有违诚信的行为。②传统美德失落。表现为不懂感恩、不懂礼貌、劳动观念淡漠。在调查中发现，多数学生不知道父母生日，平均看来只有三分之一的学生知道父母生日；初中学生和高中学生中，有接近四成的学生不会主动与老师打招呼，相比之下小学生表现较好。③青春期教育缺位。青少年青春期提前，心智成长滞后，不少初中学生性观念混乱，初高中学生认可早恋的比例很高。性知识教育不能满足学生身心发展的需要，性观念教育几乎空白。④网络行为失调。初高中学生中浏览不健康网站的学生比例随着学生年龄的增长急剧增长。⑤法纪意识淡漠。少数学生存在较严重的不良行为问题，如勒索同学、吸食止咳露等软性毒品，且随着学段升高，日趋严重。部分高中学生法纪观念淡漠。

（3）责任感方面表现出明显的知行错位。通过对初中学生集体主义观念和为集体做奉献的行为对比分析、对高中生回馈社会的意识与对同学他人负责的行为对比分析，本研究发现初高中学生责任感方面知行错位较为明显。

三、基础教育阶段学生德育问题成因分析

（一）家庭结构变化间接影响学生品德形成

1. 家庭小型化

家庭小型化包括家庭规模小型化和代际小型化两个方面的含义。规模小型化是指家庭平均人口数量减少；代际小型化是指世代同堂的传统大家庭已经越来越少。

在家长问卷中当问及"谁是孩子的家长"时，回答为父亲或母亲的比例为96.4%。在小学生问卷中问及"你现在与谁生活在一起"时，回答依次为：跟父母（67.30%），跟母亲或父亲单独生活（14.70%），跟爷爷奶奶或外公外婆单独生活（1.25%），跟父母与爷爷奶奶或外公外婆一起生活（14.52%），跟姑姑、姨妈或其他亲人一起生活（2.26%）。通过这些数据可以发现，家庭的代际结构减少，学生家庭主要是由父母与孩子组成的核心家庭。

但家庭小型化也可能对孩子的品德形成产生不利影响。传统道德是以血缘关系为基础的人伦道德体系，家庭美德是传统美德的基础，由于家庭代际

规模减少，学生缺少对大家庭成员之间的亲情体验机会，对传统美德的传承可能产生不利影响。家庭小型化，使得父母有更多的时间或经济基础投向孩子，结果孩子承受的压力越来越大，亲子冲突越来越多，心理健康日益受到影响。从调查中发现，小学生已经开始出现学习焦虑，初中学生、高中学生都出现了一定程度的心理健康问题，且后者比前者更严重。

2. 家长职业多元化

生产方式的变化使学生家长的职业多元化，在调查中发现孩子父亲的职业分布比例为：公务员或科技、文化、教育、卫生等事业单位工作者（16.19%），企业员工（25.49%），私营业主或个体工商户（48.23%），无固定职业（9.9%）。母亲的职业分布比例分别是：科技、文化、教育、卫生等事业单位工作者（13.68%），企业员工（22.41%），私营业主或个体工商户（28.42%），无固定职业（35.49%）。可见急剧的工业化、城市化进程使家长的职业呈现多元化趋势。家长职业的不同直接导致家庭的收入情况差异很大，12.52%的家庭月收入在2千元以下，26.83%的家庭月收入在2千元至4千元，18.63%的家庭月收入为4千元至6千元，14.16%的家庭月收入为6千元至8千元，14.46%的家庭月收入为8千元至1.2万元，13.41%的家庭月收入在1.2万元以上。有研究表明，父母的职业类别往往预示着不同的工作条件、升迁机会、社会地位和家庭的物质生活，这些又与"他们的自尊、身份感、安全感、抱负和价值观紧密相关"[1]，转而影响他们对子女的期望和行为方式。从本研究中发现，学生的人生理想往往指向具体的职业，即使是小学生，也有高达39.12%学生的学习目的是为了理想的工作。

（二）家长的教育观念直接影响学生品德的形成

家长是孩子最早的启蒙老师，从调查中发现家长中存在两种十分不利于学生品德形成的教养观念。一种是重学生身体成长，轻品德形成，一种是重学习成绩，轻能力培养。另外，家长自身的价值观念也会影响学生道德价值

---

[1] 任宝祥. 教育社会学[M]. 重庆：西南师范大学出版社，1993:21.

观念的形成。第一，家庭德育中存在的封建伦理道德残余仍在对学生产生影响。第二，社会转型时期，偏重个人利益的世俗化倾向，成人社会中追逐实利的倾向日益强化，对学生的价值取向产生了直接的影响。第三，家长对适应现代化生活所需品质的漠视会影响学生形成符合时代特征的品德。专家指出，现代人需要具备思路开阔、头脑开放、不迷信传统和权威、守时惜时等12种品质。① 但在调查中发现，家长对这些方面都比较轻视。

（三）德育课程未能发挥应有作用

农村城市化是社会转型的标志之一，深层次的社会转型体现在价值观念的变迁上，即价值观念的冲突与多元化。学校是社会主流价值的守护者，价值观念变迁对学校德育的影响主要表现在两个层面：一是理论层面，重新认识德育本质，从只重社会价值到社会价值与个人价值并重转变——集体主义与个人主义的统一；对德育功能重新定位，德育功能不能仅仅侧重于德育的社会性功能，而是社会性功能与个体发展性功能相结合；德育目标价值取向发生了变化，由社会本位向个人本位转移，并强调社会与个人的结合与统一，提倡价值观念多元性与开放性。二是德育课程层面，无论是从课程标准还是教材内容来看，"价值观逐渐由社会本位、成人化倾向个人回归，向儿童回归，向儿童生活回归"②。但从龙岗区的德育实践上看，实践明显滞后于理论的发展。

中小学的直接德育课程是德育理论变革的具体体现，直接德育课程应该发挥其主渠道的作用。但从龙岗区的现实情况来看，因为思想政治课（思想品德课）不是升学考试科目，大多数学校对德育课程并不重视，往往把教学能力差的教师安排去教思想品德、思想政治等课程。通过对教师的调查（教师问卷第51题），本研究发现排前三位的最有实效的德育途径依次是：班会、社会实践活动、各科教学渗透（数据见图5），当问小学生"在学校的

---

① 易连云. 重建学校精神家园 [M]. 北京：教育科学出版社，2003:65.
② 杜时忠，杨炎轩，卢旭. 社会变迁与德育实效——转型期中小学德育实效报告 [M]. 北京：教育科学出版社，2009:57-64.

各项活动中,你觉得收获最大的活动形式是",回答排前三位的依次是:主题班会(队会)(28.57%)、社兴趣小组活动(28.22%)、实践(22.87%)。无论是对现实情况的考察还是从问卷调查结果来看,直接德育课程还未能发挥主导作用。

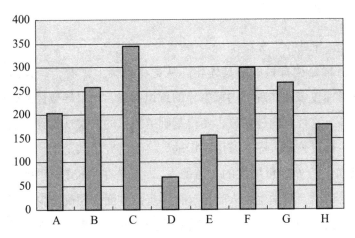

A.大型教育活动　B.思想政治课(思想品德课)　C.班会　D.团队会　E.课外活动
F.社会实践活动　G.各科教学渗透　H.个别学生教育

图5

(四)德育内容滞后于学生的实际需要

德育内容是指德育活动所要传授的具体道德价值与道德规范及道德体系。从德育内容来看,国家设置得相当完整,并根据社会的发展进行了适时的修订、调整和补充。如从2002开始颁布的中小学德育教材已经开始强化德育内容生活化,强调对学生品德形成规律的把握。2004年3月25日颁行的新的《守则》和《规范》分别增加了符合时代特征的内容,如诚实守信、加强实践、合作意识、创新意识、网络意识、网络文明、安全自护、远离毒品等。从对教师的调查来看,当问到"你认为当前学校德育内容符合学生的实际吗?"认为符合和比较符合的占了83.9%,11.38%的教师认为不符合。从对学生的调查结果分析来看,目前龙岗区德育内容在青春期教育、安全教育、法制教育方面仍然不能满足学生发展的需要。尽管大多数教师认为德育内容符合学生实际，但教师与教师之间、教师与学生之间对学校德育内容的认可程度存在明显差异，而且在学生的实际德育表现方面也有明显的反差，一个可能的原因是德育内容在区本化、校本化方面做得还不够，对龙岗区学生的针对性还有所欠缺。

（五）德育目标层次错位

德育目标是德育目的的具体化。从德育目标上来看，一方面，目前我国的德育目标较多地体现了国家主导的意识形态，结果导致德育政治化。学生学段越高，这种倾向越明显，使得基础道德目的的实现受到一定的负面影响，如学生社会公德失序、诚信意识缺失、不讲究公共卫生。另一方面，德育目标倾向于培养理想层次的"道德人"，于是在学校教育中弥漫着纯洁、高尚的道德话语，对学生个人品德、行为规范方面的瑕疵缺少宽容，造成学生迫于压力去附和响应，而把真实的想法隐藏起来，表现为知行不一、言行不一。

（六）德育方法抽象化、形式化影响学生对德育内容的认同

从德育方法上来看，目前龙岗区仍然存在抽掉德育内涵，只关注普遍的道德原则、规范的现象，将道德教育和日常行为规范概念化为"守纪律""爱卫生""讲究仪容仪表"的代名词，结果学校德育过程变成了"贴在墙上，挂在嘴上，落实不到行动上"。另一方面，将日常行为规范制度化为校纪校规，而"道德建立在对人性肯定的基础上，而制度则源于对人性的不信任。道德重在人性潜能的挖掘和提升，是一种'导'，而制度则是对人性弱点的戒备与防止，是一种'堵'"[①]，结果使得教师在选择教育方法时，倾向于制度赋予他们的惩戒权利，这一点可以从教师问卷中多数教师赞成对问题学生采取"惩罚"措施中得到证实。对学生的影响则是，在对道德价值的理解和对行为规范的认同上更多地表现为迫于外界压力的遵从与服从。

---

① 高德胜.生活德育论[M].北京：人民出版社，2015:69.

（七）学校环境中存在着用不道德的手段培育有道德的人的现象

1. 教育实践功利化

随着农村城市化进程的加速，教育得到了前所未有的重视，一方面基础教育规模不断扩大，另一方面教师的地位与收入逐步提高。从问卷中发现，龙岗区教师对教师满意度高而职业热爱度低，说明还存在着不少教师仅把教育作为一种职业或谋生的手段。而从目前对教师的评价手段来看，学科教学能力往往排在最核心的位置，于是学生成绩优秀，教师在职业上往往能得到更好的发展或者能得到更多的经济利益。在这些因素的作用下，学生的品德素养往往被片面化为提高学习成绩的行为规范或习惯，学生的健全人格得不到重视，学生被贴上优、良、中、差的标签，这也是师生冲突的主要原因之一。

2. 教育方法简单化

学生思想品德的养成是一个长期而复杂的过程，相比智育而言，需要有更细致和系统的方法。因德育首位没有真正落实，教师往往把大量的时间花在提高学生的学习成绩上，把自身素质的提高聚焦在提高教学水平上，结果是教师缺乏相关的德育技能，在学生品德形成过程中容易采取简单，甚至是粗暴的方法。在本研究的调查中，教师认为最有效的德育途径排前三位的是：班会、社会实践活动、各科教学渗透。但从实际情况来看，各科教学渗透往往以成绩为中心，而且相当多的学生认为学习并不快乐，所以各科教学渗透的德育有效性值得怀疑。另外，社会实践尽管有效，但开展的次数有限。分析起来，最后起作用的就是班会这种常用而简单的形式，而这种集中教育的形式，显然对有特殊需要的问题学生缺乏有效性。问题学生更需要的是个别辅导和教师的关爱，但从对教师的调查中发现，81.05%的教师赞成惩罚，还有38.74%教师反映教师中存在对学生言语侮辱的行为。

3. 社区对学生德育的影响

社区是指生活在一定的地域范围内、具有相同价值取向、人口同质性较强的社会共同体。美国学者认为，社区有三个分析尺度：（1）物质尺度：明确边界的地理区域；（2）社会尺度：居民沟通和互动；（3）心理尺度：共存感、从属感和认同感。而龙岗区以新移民和外来流动人口为主，无论是从社会尺度还是心理尺度来分析都还没有形成稳定的社区结构，其结果是社区德育功能不能充分发挥作用。从现实情况来看，不仅社区的正向功能未能发挥作用，相反社区环境中还存在一些有可能影响学生品德形成的因素，这些因素是多元而复杂的，如信息传播方式、学生交往群体、多元文化影响等。

4. 社区传媒影响学生品德形成

通过对小学生和高中学生获取异性知识、安全知识、时事信息的途径分析，本研究发现，社区传媒对学生有着重要影响。对于小学生，当问他们对异性知识了解的主要来源时，只有33.57%的学生回答是教师上课讲的，其他学生则通过上网、父母、同学、朋友、书报或杂志等途径获得。而对于安全知识，只有47.30%的学生回答是从教师那儿获得的，其余学生则是通过电视、父母或者长辈、网络及社会宣传等途径获得。对于高中学生，当问其获取时事信息的主要来源时，回答依次为：报纸、电视、广播（47.90%）；网络（43.86%）；别人的谈论（6.14%）；课堂（2.1%），可见，学生获取时事信息的主要渠道是报纸、电视、广播和网络，课堂退居到非常次要的位置。由于信息渠道多元化，一方面父母和教师对学生的价值引导作用降低，另一方面，这些多元化的渠道也是学生获取信息的主渠道。传媒本应作为德育的一种辅助补充渠道或工具，通过传播信息、舆论引导、交流文化等功能潜移默化地影响学生的思想、观念、行为和生活方式，但当前各种传媒，如电视、户外广告等传播的内容肤浅，品位低俗，甚至充满色情、暴力，弱化了媒体原本应该承担的社会道德和责任。传媒呈现的不当内容、误导的价值观念，混淆了视听，使学生失去了正确判断的能力，结果出现了价值取向多元、理想信念偏差等问题。

5. 社区交往影响学生品德形成

社区是学生社会化的重要场所，社区中的交往活动能有效实现知与行的相互转化，是强化德育效果的重要环节，是影响社会化的一个重要因素。但当前社区中学生间的不良交往严重影响了学生品德的形成。通过调查发现，学生对同龄朋友、父母的信任远高于对教师的信任，而且随着年龄的增长这种趋势更趋明显。当问小学生"你心中的秘密最想告诉谁",小学生的回答依次是:老师(4.65%),同学或好朋友(33.25%),父母或长辈(29.39%)。对于初中学生,当问及"心情不好时,你经常找谁倾诉呢?"回答依次是:老师(1.96%),同学(46.05%),父母(10.91%)。从这些数据中可以看出,学生对教师和家长的信任程度比同学低,换句话说,就是同龄群体(包括同龄朋友)对学生思想品德影响比较大,通过对教师的调查也证实了这一点。当问教师"你认为同龄群体(包括同龄朋友)对学生思想品德的影响是?"回答依次是:很大(58.12%),较大(38.15%)。从数据中可以看出,回答很大和较大的比例为96.27%。同伴的思想品德表现会对学生产生较大的影响,因此,即使是极少数学生存在不良品德问题也应该高度重视。

6. 社区文化影响学生品德形成

当前社区中流行文化大行其道,长期浸润于西方文化中的香港、澳门、台湾文化也十分流行,使得学生远离经典文化,缺乏鉴别能力的学生往往沉迷于这些文化中的糟粕部分,社会伦理道德观念正面临新的"垃圾文化"的冲击。在对小学生、初中学生、高中学生的调查中发现,香港、澳门、台湾文化对学生有较大的影响,但随着学段的增高,影响逐渐减小。对小学生,当问"你对香港、澳门、台湾明星了解的情况是……"回答依次是:非常了解(10.10%);偶尔了解几个有名气的(27.25%);了解一点点(42.30%);不喜欢,也不了解(20.37%),也就是说有接近80%的小学生对香港、澳门、台湾明星有所了解。而对于初中生,当问他们"你认为香港、澳门、台湾的文化对你的影响大吗?"时回答依次为:很大(20.57%),一般(42.48%),不大(22.89%),不知道(14.06%),回答很大和一般的比例高达63.05%。对于高中学生,当问及"你认为香港、澳门、台湾文化对你的影响怎样"时,回答依次为:很大(7.25%),比较大(25.74%),较小(47.63%),几乎没有(19.38%),回答很大和比较大的比例为32.99%。在对教师和家长的问卷调查中发现,社会不良信息对学生品德影响很大。教师认为家庭因素和不健康的影视和网络文化对学校德育的影响分别排在第一位和第二位。

通过以上分析发现,第一,一方面影响学校德育的因素是多元的,而且很多因素都是学校不可控的外部因素,学校德育的影响力事实上在下降,另一方面,当前学校德育方面忽视对学生价值选择能力、道德判断能力的培养,使得学生对信息的甄别出现偏差,从而造成学生的价值取向呈现多元分化的现象。第二,从品德外化的机制上看(外化机制包括仿效机制、依从机制、固化机制),不良的社会舆论、社会环境中存在的各种不良风气、堕落行为等,势必会影响学生品德的外化。从仿效机制来看,学生很容易模仿社会中成人的不良行为,甚至是违法行为,如学生中的抽烟、吸食精神类药品、勒索同学等现象;从依从机制来看,学生受同伴影响远远超过受教师、家长的影响,学生有可能在行为上产生趋向同伴群体的从众行为,或是迫于来自同伴群体的无形压力做出盲目服从的行为。学生年龄越大,其交往范围也越大,获取信息的能力也越强,如果不具备自律和判断能力,不良影响就越大。

四、基础教育阶段学校德育变革与对策

基础教育阶段学校德育变革,离不开转型中的社会发展、城市变革、学校家庭环境这个大教育生态环境。德育生态环境是指一切对思想政治教育活动开展及其效果产生各种影响的内外部因素之间关系及结构的总和。学校德育的生态环境大致可分为物理环境、社会环境和主体环境几个方面,它们彼此有机结合,不可分离,构成一个多维度的德育生态系统。[1]本研究把德育生态环境归纳为四个方面:校园文化环境、教育教学文化环境、德育管理环境、德育主体环境。因此,建构良好的学校德育生态环境应从以下几个方面入手:

(一)建构良好的学校校园文化环境

校园文化环境包括自然环境和人造环境。完善的校园设施将为师生员工开展丰富多彩的寓教于文、寓教于乐的教育活动提供重要的阵地,使师生

---

[1] 易连云.重建学校精神家园.北京:教育科学出版社,2003:222.

员工教有其所、学有其所、乐有其所，在求知、求美、求乐中受到潜移默化的启迪和教育。完善的设施、合理的布局、各具特色的建筑和场所，将使人心旷神怡、赏心悦目，将有助于陶冶校园人的情操，塑造校园人的美好心灵，激发校园人的开拓进取精神，约束校园人的不良风气和行为，促进校园人的身心健康发展。建构良好的校园环境，就是要充分利用其特有的育人功能，真正把教书育人、环境育人的根本任务落到实处。学校德育物理环境的建设主要体现在两个方面：自然景观的建设与人文景观的建设。在自然景观的建设方面，重在"塑美"，即要以师生员工为本，努力达到人与自然、建筑与自然的和谐交融，打造舒适、美感的生态校园，为师生员工的生活、工作、学习创造一个诗意栖居与和谐守望的良好环境；在人文景观建设方面，重在"塑魂"，即构筑起具有学校自己"灵魂"的校园文化。将健康向上的人文精神精心含蓄地灌注其中，让人触景生情，各自会心，以无言之教，潜化人心。在具体操作上，可以布置名人雕塑，镌刻名言警句、人生警语，校史展览等方式，既要让每一堵墙说话，每个角落都有美在闪光，又要让它说自己的话，说学校固有的和为之发展的人性话。总之，在物理环境的建设上，只有美学特征与人文精神融为一体，才能真正达到潜移默化、环境育人的效果。

（二）建构良好的学校教育教学文化环境

1. 倡导人性化、生活化的德育指导思想

通过调查发现，一方面，随着学生学段升高，学生个人的自我意识与主体意识显著增强（如随着学生年龄增长，亲子冲突、师生冲突增加，教师反映难教的学生越来越多），另一方面，部分德育内容脱离学生需要、德育方法不尊重学生需要。因此，在德育中必须确立"以人为本"的思想。一方面在德育过程必须尊重学生的主体地位，引导学生对道德的认识与践行逐渐由他律提升到自律的层次。另一方面，在德育方法与内容中，必须从学生实际出发，尊重学生的需要，倾听学生的心声，改革传统德育中忽视学生需要的弊端。换个角度来看，德育脱离学生的需求，实际上是德育疏离了学生的生活，导致学生拒斥德育。向生活回归应是当前德育发展的一个趋势。

2. 建构个性化的德育模式

目前学校教学的基本组织形式仍是班级授课制，但处于同一年龄层次的学生由于种种原因，在知识储备、行为习惯、智力水平、身体素质、个性品质等方面必然存在差异。长期以来，德育的一个重大缺陷就是忽视人的个性发展。德育的核心应该是培养个性充分发展、人格健全的社会公民。学校要引导教师承认并尊重学生的差异，把个性的多样性作为一种有价值的教育资源加以接受，彻底改革模式化、"一刀切"的德育模式。

3. 强化教师的示范功能

教师作为人类灵魂的工程师，不仅要教好书，还要育好人，各个方面都要为人师表。苏联著名教育家乌申斯基说："教师个人的范例，对于青年人的心灵，是任何东西都不可能代替的最有用的阳光。"教师职业的劳动对象是人，而不是物，这种职业本身就决定了教师应具有崇高的精神境界和高尚的道德品质。所以教师不仅通过语言传授知识，而且是以自己的品格去"传授"品格，即以自己的良好德行和习惯去影响学生的心灵，但从调查中发现，82.65%的教师认可教师应该有高的道德水准，有接近18%的教师把自己等同于一般职业的工作者，因此，必须强化教师的示范功能。

4. 培养学生的道德思维能力

目前，我们的学校道德教育呈现给学生的大多是美好、善良、非真实的一面，但社会现实是一个纷繁复杂的世界，是一个真实的世界。而且德育的内容事实上很难与社会现实问题一一对应，学校所传授的道德原则、规范不可能"学到了就能在社会上派上用场"。能否趋利避害关键在于选择什么以及如何判断选择。从本研究的问卷调查来看，学生中出现的一些不诚信行为都与学生不正确的选择与判断有关。因此，学校要充分发挥课堂教学主渠道的作用，在思想政治、思想品德课中，利用社会中广泛存在的冲突情境，引入设身处地考虑法、价值澄清法、道德认知发展法等新的德育方法培养学生的道德判断和选择能力，只有让他们学会在实际生活中运用道德思维，才能使他们真正增强抵抗力，真正提高道德判断能力，真正形成内在的、稳定的思想道德素质。

5. 思想教育与社会实践相结合

人类与动物的根本区别在于人类不是消极地适应自然、适应环境，而是在接受环境影响的同时又能动地改造自然、改造环境，并在改造环境的过程中改造自己和发展自己。因此，德育必须引导学生参与社会、改造社会，让学生看到复杂、多元的社会不仅有主流、积极的一面，也有非主流的、消极的一面，让他们懂得社会上除了美好的东西外，还存在许多不良现象，需要去克服，让他们明确自己的地位、权利、义务，意识到作为一个公民还负有改造社会的责任。

（三）建构良好的学校德育主体环境

在学校德育活动过程中，教师学生都是主体，都会对德育效果产生直接的影响。

1. 构建良好的学校德育心理环境

品德的结构包括知、情、意、行四个方面，如果师生没有良好的心理品质，无疑会影响到品德的内化和外化过程。从本研究调查的情况来看，无论是教师还是学生，都存在着一定程度的心理健康问题，因此加强心理健康辅导成为当务之急，各学校要尽快配齐相关的专业人员。

2. 固化主体内部的道德体验

无论是教师还是学生，道德的发展都是基于其原有的道德水平。因此在德育管理上要重视不同学段之间的衔接，在德育目标设置上要有合适的层次结构，避免出现层次错位导致学生认知错位的问题。

3. 提升素养成为智慧型父母

研究中发现，家庭教育中存在许多误区。在教育观念上重身体的养，轻品德的育；重成绩，轻能力；对孩子的爱多是出于本能的爱，不重视爱的表达方式，不会施爱，因而使孩子体会不到父母的爱。要改变这种状况，就必须引导家长提升素养，成为智慧型父母。

（1）要有符合时代发展的教育观念，特别是要树立科学的教养观、人才观。对孩子的期望要切合实际，否则会给孩子造成巨大的心理压力。家长不仅要关心孩子在校的学习成绩，也要关注孩子的基本品德修养，注意他们在社会上可能受到的不良影响。（2）家庭德育的核心目标是帮助孩子"学会做人"。家长一定要弄清楚家庭教育中的有所为、有所不为、有所少为。在培养孩子健康的人格和良好的道德品质，如勤劳节俭、孝敬父母、诚实守信、遵纪守法等方面，家庭教育应大有所为；单纯地花大量的时间教孩子学知识是不切实际的，家长应该有所少为，重点是帮助孩子形成良好的学习习惯；溺爱纵容则应坚决不为。（3）要讲究科学的家庭教育方法。家庭教育寓于日常生活中，父母通过身教和言教，潜移默化地影响孩子。身教重于言教，以身作则，言行一致，积极进取，在各方面做孩子的表率；保持家庭和睦，建立民主、平等、和谐的家庭教育环境；要不断学习，掌握教育子女所要求的科学知识及方法，根据孩子的年龄特点和身心发展的规律，科学教育孩子。（4）要和学校、教师密切联系，互相配合，形成合力，保持教育的一致性。

4.教师，重塑师德走进学生心灵

师德，即教师从事教育工作时应具备的道德品质和修养。中国传统文化强调"一日为师，终身为父"，在传统文化中教师具有和家长一样的地位。因为"师者，所以传道、授业、解惑也"，教师是"道"的传承者，这个道，既是道理的道，也是道德之道。然而，今天的现实是，随着学生获取信息渠道的多元化，教师不再是绝对的知识权威，随着价值观念的多元化，教师也不再是道德的权威。于是师生冲突、教师和家长的冲突时有发生，传统的师道尊严已不复存在，传统的"为师之道"也被部分教师放弃，传统的师道与师德面临着强烈地冲击，师德的重塑十分必要。新时期的师德建设应从以下几方面入手：

（1）唤醒教师"爱"的情感。热爱学生，是对每个教师最基本的要求，教师对学生的爱是一种脱离了血缘关系的无私的爱，具体体现在关心了解学生、尊重信任学生、严格要求学生。关键是教师的爱要是公正的，不能对学生有偏爱。(2)强化教师的教育责任感。今天教师的权威不再来自于知识，而应该来自于责任感。选择了教师这一职业，就意味着奉献与牺牲，教师不能把自己等同于普通大众，应该认可社会对教师的高要求。(3)改变对教师的评价机制。应该严格禁止以学生的学业成绩来评价教师，当前学校中存在的用不道德的手段培养有道德的人的现象几乎都和这一现象有直接或间接的关系。(4)教师要努力提高自身素质。有人说，师生间最不幸的关系，是学生对教师学问的怀疑，如果儿童的怀疑涉及教师的道德方面，则教师的地位更加不幸了。所以教师的素质应该是综合的，即有德性的提高，也有业务能力、学识水平的提高。走不进学生心灵的教育是失败的教育，没有师德的教育不可能走进学生心灵，师德高尚的教师才能真正走进学生心灵。

5.社区，重构社区生境使之成为孩子成长的乐园

生境是指"儿童生活在社区中各种相关环境影响要素的总和"，"社区生境是在社区场域内整体的相关影响要素和条件的总和"。[①] 对学生而言，农村城市化带来的最明显的变化是"社区生境"的变化——由乡村社区生境进入城市社区生境。研究者发现"儿童道德发展与经济社会发展不存在必须的正相关关系"，但"与社区生境存在正相关关系"。[②] 要使社区生境对学生产生正向影响，就必须重构社区生境，可采取的具体做法如下：

(1)寻求制度和政策支持，优化社区环境。一方面，首先对于社区中存在的不利于学生健康成长的环境，如网吧、娱乐场所要有严格的监管。其次要加强对信息传播渠道的管理，如广告、影视等，凡是未成年人能接触到的都要严格审查，如建立适当的分级制度进行管理。另一方面，社区要设置有利于学生身心愉悦的公益性场所，如书吧、图书馆等。如我所在的区几乎每一个社区都有图书馆，问题是宣传力度不够，还没有发挥出其应有的作用。所有这些措施都要有制度和政策的支持，教育主管部门应积极主动地与有关

[①] 杨勇.道德与生境：基于两个社区儿童道德发展的比较研究[M].桂林：广西师范大学出版社，2009:20-21.

[②] 同上。

部门进行协调。(2)学校主动走进社区,为社区提供教育支持。学校可以通过与社区分享资源的方式与社区联动,如学校可以向社区开放自己的体育等设施,引导社区中的其他未成年甚至是成年人进行有益于身心健康的活动,学校可以主动为社区提供相关的教育支持。(3)把社区资源引进课堂,把课堂教学延伸到社区。社区是学生直接、具体感知的生动形象的"社会",社区生活是学生道德品质形成和发展的土壤。通过建立社会实践基地,把课堂教学延伸到社区。如通过建立法制教育基地进行法制教育;建立社会实践基地,培养劳动观念;建立军训基地,培养学生爱国情感。在把课堂教学延伸到社区的同时还积极将社区资源引进课堂,要求教师在平时授课中对学生进行道德教育时,有机地渗透社区中的的资源,激发学生形成道德行为的动机,实现道德教育的目的。

6.教育行政部门,转变行政工作方式创新德育管理模式

从行政干预为主的工作模式向理念引领、科学指导为主的工作模式转变。教育行政部门要注重引导学校凝练先进的德育理念,指导德育工作实践科学发展。广泛宣传"学校德育人文化""学校德育生活化"等先进的德育理念;帮助学校通过对德育工作的总结提升、工作反思、问题研讨,探索适应深圳市龙岗区经济社会发展和青少年成长需要的德育工作规律。

(1)学校德育人文化是指"不断追求德育人文精神,并努力使德育全面焕发出浓厚的人文气息"。具体而言,首先要以人为本,尊重学生的"人性",在充分理解学生基本精神需要的基础上,培育学生的道德需要。从问卷调查中我们发现,以电子传媒为载体的流行文化(如网络文化)、随多元价值观而来的功利化思想对学生的影响越来越明显。从教育者的角度来看,正确的义利观、理想信念等似乎离学生越来越远。但学生自己并不这样看,于是就出现了家长、教师对学生的评价普遍低于学生对自己的评价的情况。我认为出现这种现象的原因是教育者以自己的视野来解读学生的言行。而作为教育者,要学会用学生的方式去观察、理解他们所看到的事物。对于流行文化,要承认其合理性,流行文化是学生减轻压力、宣泄情绪的方式之一,关键是教育者要在学会欣赏的基础上合理引导。对于学生中出现的功利化

倾向，要承认人性的自利是客观事实，关键是要引导学生从自利到互惠，从互惠到回报社会，也就是在满足功利的基础上超越功利。其次是要让学校精神文化浸润德育，推进校园文化建设，发挥校园文化的育人功能。校园文化的内涵主要是价值取向和行为方式，它直接影响着学校的德育实施，学生的德育水平和精神面貌。学校从事的是育人的事业，不只要改变学生的表面行为，更要改造其心理与精神。在应试教育的影响下，学校更多关心的是学生的文化成绩、升学率，忽视了学生精神生命发展的权利和主动性。在校园文化建设上，只重视外在规范的灌输和外部文化形式的设计，忽视学生的生命感受、内心体验。要改变这种现状可从三方面入手，第一，注重中华传统美德的教育。充分挖掘传统文化中的精髓意义，如通过书香校园活动，引导学生阅读传统典籍；引导学生过好传统节日，帮助学生理解传统节日的文化内涵。第二，突出学校发展过程中的文化积淀，强化学校特色与品味。第三，引导学生吸收合理的外来文化。

（2）学校德育生活化。当前龙岗区学生德育存在的诸多问题产生的根本原因可以归结为：学校德育与学生的日常生活相分离，学生在学校学到的道德原则、方法往往不能解释学生在现实生活中遇到的现象，指导其在现实生活中的行为。脱离现实生活的教育造成的后果表现为：学生知行脱节，道德认识不能转化为行为。因此，只有回归学生生活的德育才是有针对性和实效性的德育。即回到学生身心发展的不同阶段；回到学生的道德认知发展的不同阶段；回到真实的社会情境中。

7. 从行政服从为主的管理模式向服务、支持性管理模式转变

（1）以专业成长为主题，培养有教育智慧的德育骨干队伍，依托教师进修学校实施"基础教育阶段校长德育专业能力建设计划"，对全区校长全员轮训，通过集中培训、工作论坛、经验交流、观摩等形式，指导校长更新德育观念，提高专业能力。加强深港联系，定期组织两地校长互访交流，拓展校长视野，培育校长创新能力。实施"中小学班主任专业能力建设计划"，严格实行班主任专业能力提升全员轮训制度。以省、市两级骨干培训为引领，以校本培训为基础，落实新任班主任岗前培训、在岗班主任提高培训的基本要求。建立"名班主任工作室",为其提供必要的条件和环境,充分发挥名班主任的示范作用,营造关注和支持班主任工作的良好氛围,培育优秀教师队伍。提高教师心理健康教育和家庭教育的指导能力,帮助教师掌握心理辅导技术,掌握科学教育方法,提高心理健康教育和家庭教育指导水平,从整体上提高教师队伍的素质。

（2）指导学校创建德育工作品牌和特色,促进区域德育创新发展。引导学校逐步树立特色和品牌意识,立足本地本校实际,发掘和用活本地及本校教育资源,培育自身个性。从现实情况来看,由于龙岗区城市化的特殊性——外来移民型城市化、政策主导型城市化——使得各种不利于学校德育的因素急剧累积,区内各学校在面临这一挑战时作了很多有益的探索与尝试,形成了一些德育亮点,如部分小学开展的"善本教育""和善教育""文明礼仪"教育；部分初中开展的"革命传统"教育、"感恩教育"；部分高中开展的"责任教育""传统美德教育"。各学校德育各具特色,互有所长。但这些尝试都是针对具体问题采取的应对措施,没有发挥出整体的力量,因此必须在区域的层面上予以整合。另外,城市化进程中各学校受到同质性较高的德育环境因素影响,各学校面临的德育难题是相似甚至是相同的,单凭一校之力不能从根本上解决问题,所以还必须从区域层面上建立起共同协调的机制,即在各学校形成品牌和特色的基础上,搭建共享交流的平台,总结推广德育创新成果,努力形成亮点鲜明、富有本区特色的学校德育工作模式。

（3）以课题为引领,组织学校开展课题研究与实验,促进区域德育可持续发展。通过课题研究锻炼和培养德育骨干,在实践中研究,在研究中提升。以破解农村城市化进程中德育难题为主题,把问卷调查中所反映出的问题整合为四大主题,组织专家指导学校开展研究与实验,深化、拓展本研究所提出的对策,探索应对挑战的有效机制和措施。具体主题如下图：

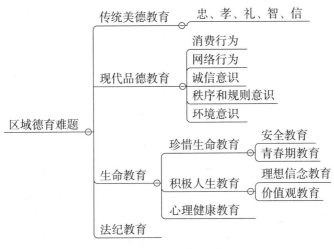

图6 区域德育难题示意图

(四)从学校单向育人功能向全社会全方位育人功能转变,指导学校建立"合力联动,教化育人"工作机制

学校肩负着思想道德教育的重任。因此,长期以来社会一直对学校德育寄予着厚望。当社会变迁凸现出较多的道德败坏现象时,人们便习惯性地把批评的矛头直指一向被寄予很高期望的学校教育,而德育首当其冲。通过问卷调查数据进行分析,我们发现社会上的不良风气、社会传媒对学生德育的影响远大于学校的影响,同伴间的相互影响远大于教师和家长的影响,家长对学生的影响也比教师对学生的影响大,如果寄希望于学校德育解决学生品德形成中的所有问题,不可能也是不现实。因此,教育行政部门要引导学校主动寻求社会、家庭的帮助,构建学校、社会、家庭一体化德育网络,形成"合力联动,教化育人"工作机制。对学生品德形成来说,家庭、学校、社会三者缺一不可,各有优点和缺点。家庭教育对学生的品德形成起着奠基性的作用。但家庭德育也有其弱点,主要表现在两个方面:一是传统的价值观念是以家庭为单位传承的,因此,有些传统落后的价值观念可能影响学生品德的形成,如"万般皆下品,唯有读书高""官本位思想"等;二是传统的家庭道德中只有家国观念,没有社会,不利于培养学生的社会责任意识。社区中即存在影响学生品德形成的正向因素,也存在负向因素,对学生品德的

影响具有不确定性，同时社区又是学生社会化的重要途径之一。学校是主流价值的维护者，但学校环境是一个人为的环境，在某种程度上，它是封闭的，与环境很少接触，而且很大程度上将社区和家长隔离在外，使学生脱离真实的生活情境。因此，只有家庭、学校、社区一体化，才能形成合力。具体来说可采取以下措施：学校争取所在地政府的大力支持，密切与有关部门和社会团体、企事业单位的联系，合力联动，营造良好的文化育人环境；与公安、司法等部门合作，发挥兼职法制副校长作用，综合治理校园及周边环境；与妇联及家长委员会合作，科学有效地指导家庭教育；指导中职学校密切与企业合作，在实施中职学校人才培养模式改革中，切实加强对中职学生在工学结合、实习实训中的教育、管理和保护。

（五）建立学校德育工作绩效评价体系，促进学校德育规范管理，科学发展

教育行政部门建立有效的德育评价、激励体系，引导督促学校切实把德育工作放在首位，树立大德育观，强化德育管理和全面育人意识，积极推进德育创新，不断提高德育工作的针对性和实效性。总结经验，树立先进典型，创建德育品牌学校和特色学校，提高中小学德育整体水平。

根据国家相关政策文件的指导，结合本研究中发现的问题，本研究建立了一个学校德育管理考核评比指标体系，共分为五个一级指标：德育地位和目标、德育机构和队伍、德育制度和育人环境、德育内容和形式、德育创新和工作效果。具体如下：

表 11 学校德育考核评比标准

项目	考核评比标准
一、德育地位和目标	德育政策、法规、决策执行情况；德育专项工作经费和设备保障情况
	根据学生年龄、心理特征和学校实际确立德育目标情况；德育工作思路和规划
	正确处理德育与智育关系情况

续　表

项目	考核评比标准
二、德育机构和队伍	德育工作机构完善情况：德育工作领导设置、家长委员会，校外辅导员间的合作情况；党、团、队、学生会和政教处等组织机构工作情况
	课堂教学是否渗透德育、是否形成全员育人氛围
	德育科研情况
三、德育制度和育人环境	教师德育工作考评机制；学生德育考核制度，学生德育档案；学生操行评定是否具有真实性、针对性和个性；后进生转化工作
	认真落实"一校一警"制度；聘请政法干警兼任学校法制副校长执行情况
	校园环境建设情况
	校园文化氛围：校训、校歌、校刊等
	思想品德、思想政治课教师的配备、课时的安排；中小学生守则、行为规范、公民道德建设纲要是否列入教学内容
	政治信念、行为养成教育
四、德育内容和形式	与社区的联系和协作，共同教育、引导和督促学生健康上网，远离黄色网站；学生课外阅读进行有效管理和正确引导，教育学生自觉抵制色情暴力"卡通"画册、"口袋书"
	法制教育（法制课开设情况，普法教育等）
	安全教育
	心理健康教育、心理咨询、专职心理教师、寓德育于养育、科技教育、体育心理健康教育
	加强国情教育、革命传统教育和社会实践，有固定的实践基地

续 表

项目	考核评比标准
五、德育创新和工作效果	德育新理念、德育新方法；学校德育的优势和特色
	校风学风优良，学生有理想、勤学习，遵纪守法，行为习惯良好，社会公德意识强；无吸烟、结帮等现象……
	教职工无违法犯罪现象，无责任事故；师生无人吸毒，教职工无体罚学生现象
	学校在社会上有良好声誉

国无德不兴，人无德不立。党的十八大报告指出："努力办好人民满意的教育，要把立德树人作为教育的根本任务。"党的十八届三中全会公报再次强调："坚持立德树人，加强社会主义核心价值体系教育，完善中华优秀传统文化教育。"遵循教育立德树人的根本任务，发扬中华民族优秀传统文化，培育和践行社会主义核心价值观，是当前基础教育德育研究的本质。我们立足区域实情，正确理解和把握基础教育德育的本质，找准区域基础教育中学生、家长、教师、学校、社区在德育工作上存在的问题，把立德树人作为德育的逻辑起点，以弘扬中华优秀传统文化为青少年德育的基础，用社会主义核心价值观引领青少年德育的实践规范，对这些问题的原因进行了深层次的分析和研讨，提出了区域性的德育变革与对策，从而实现提高德育实效，成功破解德育难题，创新德育模式，形成深圳龙岗德育特色的目标，培育"四有新人"。

整合资源促进区域基础教育优质发展

随着《国家中长期教育改革和发展规划纲要（2010—2020年）》的颁布，提高基础教育的质量成为当前教育改革与发展的当然主题。本文以广东省深圳市龙岗区为例，对资源整合促进区域基础教育优质发展的理念与实践进行探讨。

一、资源整合顺应区域教育优质发展的客观需求

龙岗自建区以来，教育事业飞速发展。然而，发展中积累的遗留问题也不断显现并日益突出：区域内各级各类学校发展很不均衡；教育的观念、内容、方法、过程和评价等方面还不够和谐均衡；学校管理还存在越位、缺位现象，学校活力不足，离人本化、科学化管理还有一定差距；一些群众对教育质量还不太满意。要解决这些问题，就必须构建具有内在发展动力和自主创新发展能力的新型发展模式，提高教育资源的利用率，协调并激发教育内部各要素的活力，促进教育和谐发展，实现教育均衡优质化发展。为此，龙岗区特别强调以资源整合促进区域教育优质均衡发展，进而实现全区教育和谐发展的目标。

二、和谐教育指导资源整合顺利推进

教育资源整合是为了促进区域教育优质发展，解决区域（校际）教育发

展不均衡的现象。教育资源整合是一种创新，它不是各种资源简单的叠加，而是一个结构复杂的系统优化问题，是一个系统工程。整合可以发挥各种教育资源的新性质、新功能、新效果和新效益。整合是为了和谐，和谐需要整合。因此，以教育资源整合推进区域教育优质发展，要以和谐教育作为指导思想和发展理念。为贯彻落实党的十七大精神，龙岗区提出"一个目标——建设龙岗和谐教育，两个战略——均衡发展全面赶超战略和优质发展重点领先战略，三项举措——制度创新、资源整合、科学管理"的"一二三"教育发展思路，努力建设龙岗和谐教育。以"人本"为思想内核，以"和谐"为价值取向，以科学发展观为指导，努力实现教育的普及、公平、优质。

三、维度整合推进区域教育优质发展的实践模式

1. 教育资源的要素维度

教育资源是教育活动中一切可以动用起来，为教育目的服务所占用、使用和消耗的人力、物力和财力资源的总和。从构成形态上说，可以概括为下面几个要素：

（1）物质资源要素。指优良资产、资本、设施、设备及其配置方式。

（2）人力资源要素。指优质师资、生源、校长和管理队伍等。优质师资是学校优质教育资源的一个非常重要的方面，是最根本的优质教育资源。

（3）制度资源要素。指宏观上的教育制度资源、教育理论资源，中观上的教育体制、机制资源和微观上的学校教育教学模式、课程等。

（4）精神资源要素。指学校的文化资源，包括学校的办学理念、价值观念、教职工的认同感以及建立在其基础上的学校优秀思想、文化、风气、传统等。

（5）复合资源要素。主要包括特色经验、思路、方式、形式、做法，以及对学校多种优质教育资源的科学组合。

2. 教育资源的方式维度

（1）投入、移植、共享——教育物质资源整合方式。教育物质资源整合就是对原有的教育优良资产、资本、设施、设备等，在学校内部及全区重新

组合，使有限的资源发挥更大的效益。同时，教育行政部门也要加大对教育物质资源的不断投入。政府的投入是基础教育物质资源的主要来源。移植整合是通过调配、置换、交流、引入、扩散、推广等方式，发挥对弱势教育资源的改善、提升效用。共享整合是通过建立教育物质资源库和教育资源交流中心以便有效利用区域内的教育资源，最大程度减少教育资源的浪费现象。

（2）挂职、交流、培养——教育人力资源整合方式。教育人力资源整合就是要合理调整区域内的师资、校长和管理队伍等，形成师德高尚、业务精湛、结构合理、充满活力的教师队伍和教育管理团队。挂职是要求名校长或名师定期到区域内比较偏僻和教育发展滞后的地区及学校进行兼职，提高这些地区的教育教学水平和教育管理水平。交流是指校长教师工作岗位的交替变动，要求一些优秀校长和优秀教师到区内教育发展相对滞后的地方进行教育教学。培养是充分利用区内外的教育资源，通过资源整合，形成"新教师—教坛新秀—骨干教师—学科带头人—教育名师"的梯度培养体系。

（3）交流、融合、创制——教育制度资源整合方式。教育制度资源整合是指在现有教育法律法规、教育方针的前提下，结合区域内教育教学实际，借鉴区内外先进的教育教学制度，形成本区域或本学校的教育教学体制机制。交流就是要与区内外教育教学管理者进行交谈，与区外教育专家及优秀教育工作者交流，学习他们的先进制度，探讨制度创新的缘由、背景及思维方式，制度执行的效果及改进过程等。融合是指在了解区内外先进的教育制度后，总结各种制度的优劣，取长补短，按照一定的逻辑结构，形成一套规范的制度体系。创制是指在融合各种教育制度的基础上，根据本区域或本学校的实际情况，建构一套有一定的理论逻辑体系，既融合最新教育教学制度，又针对现实情况，具有一定实效性的教育制度。

（4）引领、启迪、认同——教育精神资源整合方式。教育是人与人之间进行的精神交流和对话。教育精神来自教育哲学、人生观、价值观。引领就是通过教育哲学家、思想家来影响本区域的教育工作者，提高他们的教育理念和思想。启迪就是展示区内外教育教学案例和成功教育典型，让区域内教育工作者在观察、体验中思索，提升自身的教育教学理念和思想。认同就是通过引领启迪而展现的教育教学精神得到其他教育工作者的认同，这种认同是通过学习、体验逐步从内心领悟出来的，不是靠行政力量强迫的。

（5）考察、研讨、实践——教育复合资源整合方式。教育复合资源整合是教育资源整合的综合体，形成教育特色或品牌是其重要目标。首先考察已形成教育品牌或特色的学校的成熟做法，借鉴学习。其次通过研讨，修正方案，以便方案更具有针对性和实效性。教育实践要在经过多方论证的科学方案指导下进行，以达到事半功倍的效果。在教育实践中要不断反思总结，提炼教育经验，逐步形成教育特色或品牌。

3. 教育资源的组织维度

（1）区级组织推动。区级组织推动是指在区教育局及其业务部门的领导下，依据本区教育实际，采取科学方式、灵活策略推动区级层面的教育资源整合，通过全区教育资源的高水平发展，实现全区教育优质发展。区级组织推动主要包括全区范围内的资源整合和创生以及区外教育资源的整合。区内资源整合主要是利用区内优质教育资源带动区内相对薄弱地区的教育发展，实现区内教育的协调均衡发展。区外教育资源整合主要是利用国内外优质教育资源促进区域教育的高水平发展，进一步提高区域优质教育资源的数量和质量。

（2）片区组织推动。龙岗区所辖学校较多，点多线长面广，区级层面难以对所有学校进行指导监督。按照各学校所属街道划分为11个教育片区，成立教育办和教育管理中心，加强对学校教育资源的整合和指导。片区组织推动主要是对片区内教育资源的整合以及协助区级整合，同时加强对各个学校教育资源整合的指导。

（3）学校组织推动。学校是区级层面和片区层面推动教育资源整合的载体，同时也是自身进行资源整合的主体，因此，学校组织推动资源整合是教育资源整合的关键力量。学校教育资源整合的关键是依据区级资源整合的思路和策略，结合自身实际，在借鉴他人研究和实践成果的基础上，整合并创生出自身的优质教育资源，以此促进学校教育优质发展。

（原载2010年第19期《中国信息技术教育》）

以和谐教育理念引领龙岗基础教育现代化

一直以来,深圳市龙岗区抢抓历史机遇,建设现代化、国际化先进城市,持续加大投入和建设力度,提升城市文化、城市品位和城市精神,完善城市功能,推进社会建设,为龙岗教育事业发展夯实了基础,也赋予了新时期龙岗教育高标准和新使命。"十二五"期间是龙岗和谐教育建设的关键时期,以和谐教育理念引领龙岗区基础教育实现均衡化、优质化,走向现代化、国际化,是龙岗区教育工作者创新教育思路、改进教育方式、完善教育现状和发展未来的教育当务之急。

一、和谐思想催生并引领龙岗和谐教育理念的内涵

和谐是自然的本质。"发而皆中节,谓之和"(《中庸》),"谐,和也"(《尔雅》)。和谐强调人的发展、事物的发展特别是国家的发展要符合"节",即宇宙最大法则和规律,符合自然进化、人类社会发展的客观规律。和谐是一种价值取向。孔子说:"君子和而不同,小人同而不和。"(论语·子路》)朱熹进一步阐释为:"和者无乖戾之心,同者有阿比之意。"(《论语集注》)和谐意味着尊重本源,承认差异,意味着认识和肯定社会、人、事物的多元化,理解自然和社会的多样性。和谐是一种哲学思想。和谐是指一个系统与外部客观世界之间及其内部各要素之间的关系处于一种协调、平衡的状态,重视并强调对立面的统一,既反对绝对对立,也反对绝对统一。和谐是解决矛盾的长效之道,是协调一致的统一,是对立统一的高层境界,是一种方法

论,是解决和处理各种矛盾关系的最好办法。

和谐教育是教育的本质。教育是人类特有的生存方式、遗传方式和交往方式,是人类自身的再生产和再创造。人类谋求教育发展的进程,就是不断克服各种不协调、不和谐因素的进程。和谐教育是一种教育理念。教育不是理性知识和认识的堆积,而是人的灵魂的塑造,教育的价值判断与价值选择就是人的发展。和谐教育的灵魂是以人为本,实现人与人、人与社会、人与自然的和谐发展。和谐,既是目的和手段,也是状态和过程。与现代化是一种动态的变革过程一样,和谐教育同样是一个动态的发展过程,在这个过程中,教育不断指向最佳的和谐目标,不断得到完善和发展。和谐教育是一种教育手段。对于学校来讲,和谐不是遥远的终极目标,而是教育工作的具体行动。和谐学校,必定包括师生(家长)之间的和谐、教师之间的和谐、学生之间的和谐、学校与社区之间的和谐、制度管理与文化引领之间的和谐、尊重个性与全面发展之间的和谐、教书与育人之间的和谐、依法治校与民主管理之间的和谐。和谐教育是一种教育理想。孔子、亚里士多德的教育思想和教育实践已经带有和谐教育的萌芽。中外教育家提出的"教育要尊重儿童的本性""教育就是爱""生活即学习""知行合一"等观点,引领人类教育一步步接近和谐教育的理想。"德智体全面发展""教育要面向现代化,面向世界,面向未来""素质教育""构建和谐社会"等思想,也进一步丰富和深化了和谐教育的内涵,引导着我们走向和谐教育。

龙岗模式的和谐教育,就是一种以"人本"为思想内核,以"和谐"为价值取向,以科学发展观为指导,努力实现教育的公平、均衡、优质和高效的教育过程和教育形态。和谐教育的核心是崇尚和谐理念,体现和谐精神,坚持和实践崇真尚本、有教无类、因材施教的教育准则,倡导教育和谐、社会和谐,促进人的和谐发展,最终实现人与人、人与自然、人与社会的和谐发展。和谐教育的灵魂是以人为本,教育的理念、制度、活动、过程等,都必须以"人本"为出发点和归宿。

实现和谐教育的途径和方法是科学发展。教育发展必须崇真尚本,必须从实际出发,必须遵循教育发展的内在规律。龙岗和谐教育的具体内容是:第一,教育体制的和谐。建立和完善现代城市教育体制,规范教育投入,提高行业管理的专业化水平,使之与经济社会发展相适应。第二,教育体系的和谐。适应城市产业、人口和社区发展变化的要求,合理配置教育资源,教育的规模、布局、结构和质量要满足城市经济社会发展带来的多元化、多层次、个性化的教育需求。第三,教育环境的和谐。必须实现社会教育、家庭教育、社区教育与学校教育在教育理念、教育内容、教育方法与途径等方面的和谐。第四,教育管理的和谐。必须用科学、人文、民主、法制的精神和原则改善和提升教育管理。第五,教育教学的和谐。充分发挥学校各要素对师生成长的良性影响,致力于追求师与生、教与学、内容与形式、目的与手段、过程与结果的和谐统一。第六,校园的和谐。和谐校园是和谐教育的基础。和谐教育,包括和谐的理念、和谐的管理、和谐的制度、和谐的关系等,都必须首先在校园中得到体现。

二、龙岗教育发展现状需要和谐教育理念提供坚强保障

龙岗自1993年建区以来,已经实现了由农村向城市化、工业化、现代化的华丽转型。截止2009年年末,该区生产总值达1529亿元,是建区之初的29倍;财政总收入达98亿元,是建区之初的22倍;人均GDP达12000美元,位居珠三角前列,达到中等发达国家水平。自建区到2006年,全区快速发展的经济社会推动着龙岗教育的不断进步与发展,也催生着龙岗教育理念的不断创新。

龙岗教育发展经历了四个阶段:一是1993年～1995年,农村教育时期。实行"三级办学三级管理"体制,村集体是办学的主体。从办学规模、体制、层次、结构来看,属于典型的农村教育。二是1995年～2003年,农村教育改造时期。从"三级办学"逐渐向"二级办学"过渡,进行学校布局结构调整,加大了从建校到学校运作的经费投入力度,学校逐渐成为办学主体。三是2003年～2006年,农村教育向城市教育发展过渡期。教育体制转

变为"一级办学二级管理",学校投入全部由政府承担。但由于区街分权的财政体制,各街道在教育投入上差距很大,区内各街道学校、区直属学校与原村小教育不均衡问题仍较突出。四是2007年以来至今,龙岗教育进入城市化加速发展的关键时期。适逢迎办大运会、深港合作、特区内外一体化等跨越发展的黄金时期和历史机遇,地铁三号线、大运中心、坝光精细化工等重大项目全面启动和实施,使龙岗的发展提升到一个新的水平,龙岗教育进入黄金发展时期。全区义务教育阶段学校100%为深圳市义务教育规范化学校,3所公办普通高中均为广东省国家级示范性普通高中,龙岗职业技术学校为全国重点职业高中。

经济社会快速大发展为龙岗教育事业的长足稳定发展奠定了基础,也对教育发展提出了更新更高的要求。特别是"十一五"时期,龙岗教育实现了历史性的跨越,创造性地提出"以人为本"的和谐教育发展理念,持续深入推进教育改革与创新,日益完善教育体系的建立与保障,全面实施人本教育和素质教育,打造特色学校,不断提升教育质量和效益,以和谐教育的理念保障龙岗教育的可持续健康发展。

三、龙岗教育发展的障碍挑战着和谐教育理念的突破与创新

近年来,龙岗教育取得了长足的进步与发展,也不可避免地面临一些积累的矛盾和问题。对新阶段的教育发展,新一届龙岗教育局班子有一个基本判断:"龙岗教育发展很快,变化很大,矛盾很多,差距不小"。

"发展很快"体现在建区以来我们在教育发展上采取的一系列重大举措。"变化很大"主要体现在教育投入的快速增长,区财政性教育投入,从建区时的5000万增长到现在的每年20多个亿;教育基础设施大为完善,公办学位从4万增加到10.5万,办学条件大致实现均衡;师资队伍明显壮大;教育质量明显提升。"矛盾很多"主要表现是两个"长期存在"上:一是一些重点难点问题长期存在,二是体制机制障碍长期存在。经济、社会、文化不断转型,农民洗脚上田成了城市居民,龙岗教育始终肩负着农村城市化、城

市现代化的艰巨使命。人口结构比例严重倒挂,户籍总人口不到40万,流动人口超过350万。"差距不小"总体上表现在两个方面:一是教育与经济社会发展的差距,二是与全市发展的差距。

回顾建区以来龙岗教育的发展历程,采取了布局结构调整,薄弱学校改造,实施学校标准化建设和信息化工程,村小全部收归政府办学等措施,使龙岗成为广东省教育强区。成就背后,也存在学位供求的矛盾、学校布局的矛盾、区街管理的矛盾、区域发展不平衡的矛盾和普职教结构问题、公办民办比例问题、正临编教师管理的问题、教师专业化发展水平和持续发展能力相对偏低的问题,教育质量总体提升的基础还不稳定等问题,这其中有社会经济变化太快的原因,也有教育管理思想落后、价值判断单一的原因。归根到底,则是教育与经济社会之间、教育内部诸要素之间、社会与人之间、人与人之间、尊重个性与全面发展之间、教书与育人之间依然存在着诸多的不和谐因素。

龙岗教育发展面临的挑战考验着龙岗教育体制机制的创新,考验着龙岗教育改革创新的持续,也考验着教育者变革开拓和负重前行的时代适应能力。龙岗教育的创新正以和谐教育理念的构建与发展为契机不断推进,这也是龙岗教育工作者突破障碍、施展能力的最大阵地。2006年年底,龙岗教育工作者大胆改革创新,突破性地提出了和谐教育理念,2007年年初,龙岗区委区政府提出了着力推动龙岗教育现代化发展的"树立科学的教育发展观,努力建设龙岗和谐教育"的总体思路。经过近四年的实践探索,龙岗在推进区域教育现代化发展的道路上迈出了坚实的步伐。

四、和谐教育理念推进龙岗教育发展思路不断进步

全面贯彻新时期国家的教育方针,落实《国家中长期教育改革和发展规划纲要(2010—2020年)》,就区域教育发展而言,即以人为本,以提升人的素质为基准,建立健全新课程体系,全面推进素质教育,培养高素质的国家公民,服务经济社会发展,促进人和社会经济的健康可持续发展。

立足于龙岗发展实际和功能定位，龙岗教育大胆探索并创建了以教育哲学、教育目标、战略举措为基本内容的和谐教育新体系。一个总目标：坚持教育科学发展观、建设龙岗和谐教育。即以国际化现代化先进城市为标杆，坚持教育优先发展，坚持育人为本，以解放思想为先导、改革创新为动力、促进公平为重点、提高质量为核心，强力推进教育均衡化、优质化、多元化、国际化、全民化、信息化。到2020年，率先实现教育现代化，率先建成高水平的学习型城区和人力资源强区。两大战略：均衡发展全面赶超、优质发展重点领先。即转移提高，内涵提升。三大举措：制度创新、科学管理、资源整合。龙岗正处于城市化的转变时期，教育转型迫在眉睫。必须通过制度创新，逐步建立起适应城市经济社会发展要求的新型制度和模式。龙岗教育的不均衡，与原农村教育体制下的资源配置机制有关，要适应城市经济社会发展要求，对人、财、物等资源进行重新整合，适应并满足城市发展要求，这是实现龙岗教育城市化的前提，也是建设龙岗和谐教育的一项非常重要的基础性工作。在制度创新、资源整合的基础上，龙岗教育发展的关键就在科学管理。四个转移：从农村教育的改造转移到城市教育的深度发展上来，建立和完善新型城市教育体制；从规模扩张转移到结构体系的完善和提高上来；从硬件建设改造转移到软件硬件同步提升上来，提升软件水平和档次；从着重公办、重点学校建设转向公办民办学校均衡优质发展上来，在办学实力和水平方面取得更多的实效。六项原则：全面发展、协调发展、均衡发展、专业发展、创新发展和特色发展的龙岗教育发展思路，在和谐教育理念的引领下逐步清晰，彰显着龙岗教育与经济社会的同步协调发展。

龙岗和谐教育理念的建立和完善，还必须加强时代性、实践性、融合性和多元性，必须以经济生活、社会生活为沃土，创新教育思路和方式方法，强化科学管理，加强教育与社区家庭、生产生活，企业与政府以及其他先进教育机构的广泛联系和结合，切实转变学习方式和考试制度，使富有浓厚时代气息的经济要素、人文要素快速便捷地服务于龙岗教育的和谐发展和基础教育的现代化进程。

五、龙岗和谐教育理论的发展与实践探索

按照对和谐教育思想的认识和理解，针对龙岗教育发展现状，以城市教育管理体制改革、教育均衡发展、学位建设、民办教育发展、教师队伍提升等方面为重点，开展龙岗和谐教育的实践和探索，全面推进龙岗教育的大发展，特别是推进龙岗基础教育的现代化进程。我认为，在探索龙岗和谐教育理论的发展与实践之路上，以下几个方面更值得深入探讨：

（1）实施城市教育管理体制改革，亟须突破龙岗和谐教育发展的体制机制性问题。2009年11月，龙岗区委区政府出台了《龙岗区教育体制改革实施方案》，"一级办学一级管理"的城市教育管理体制在龙岗正式建立。全区中小学、幼儿园收归教育局直接管理，理清了区、街、学校的责权关系，建立了区级统筹保障体系，教育经费全部纳入财政预算，由区财政直接拨付，实现了全区学校在教育投入、设备配置、师资配备、学校管理、教育教学及教科研等五个方面的统一。

（2）加大政策保障和学位建设力度，满足人民群众日益增长的学位需求。一方面加强政策保障。龙岗区出台了相关政策，明确规定教育用地的规划、审批、变动都需经教育部门同意；在旧城改造、新区开发中优先安排教育用地；房地产开发商在与教育部门签订配套学校移交协议后，才可办理规划验收手续。另一方面，加强学位建设和布局调整。按照新建、改扩建、回收三管齐下的思路，四年来新建了3所学校，回收了12所小区配套学校及民办学校，改扩建了35所学校，共新增公办学位4.89万个，相当于新建24班规模的公办学校41所，较好地解决了350万流动人口的孩子有书读的问题。

（3）进行均衡化改造，实现区域内均衡化发展。"十二五"期间是龙岗和谐教育建设的关键时期，要不断深化教育改革，巩固教育均衡化的阶段性发展成果，努力实现龙岗基础教育的现代化、优质化、国际化，这也是创新教育工作方式方法的当务之急。"百校扶百校""千校扶千校"行动计划，在

学校管理水平、教育教学水平、教师业务能力等方面长期展开全方位的帮扶等活动。

（4）规范与扶持并举，着力推动公办民办教育均衡发展。民办教育是教育事业发展的重要增长点和促进教育改革的重要力量，逐渐形成具有地域特色的民办教育发展机制，坚持"公益为本，安全为先，规范为脉，质量为基"的整体思路，从政策支持、资金扶持、规范管理三个方面加大力度，促进民办教育均衡健康发展，实现对公办民办学校在安全管理、师资培训、资源共享三个方面的一视同仁。政府每年计划投入2500万民办教育发展专项资金、300多万民办教育研修资金，支持民办教育发展。

（5）加大投入，促进校长教师队伍专业发展。教师队伍是践行和谐教育、推进教育现代化的核心和关键。通过实施优才工程、名师工程，形成学科带头人、骨干教师、教坛新秀的三级培养梯队；落实公办民办学校教师一视同仁的培训制度，建立北京、上海、香港、海外培训基地，逐步建立以校本培训为基础，现代远程教育为依托，课堂教学为核心，学时制为管理手段，岗位培训与学历提高相结合的教师培训模式，提升教师队伍整体素质，提高教育质量。

（6）科研引领，推动龙岗和谐教育发展。进行现代学校制度试验，逐步形成与龙岗和谐教育相适应的学校制度。一是开展现代化城市教育管理体制研究。建立一级教育管理体制，探索教育职能部门的整合；现代学校法人制度研究，确定办学单位责、权、利、险统一的机制，使政府职能与学校职能基本分离，行政权力与学校法人权利基本分离，学校创办者产权与学校经营权基本分离；现代学校评价制度研究。二是建立学生综合素质评价指标体系，改革与完善考试制度，建立针对评价结果的反应机制，完善发展性评价制度。

（7）推进特色品牌建设，探索多样化的和谐教育实践模式。和谐教育不仅强调均衡发展，更鼓励各学校依据实际，办出特色，办出品牌，实现某个领域的卓越发展，突出和而不同。特色是学校价值取向的集中体现，是学校教育创新的切入点，学校鼓励竞争，鼓励个性化发展。一方面鼓励学校的个性化行为,每个学校根据社会发展要求及本校资源优势,确立学校特色;另一方面赋予学校更多的主动性,结合本校实际,挖掘各种潜在的教育资源,促进教育资源的有效配置和科学利用,选择和确定有特色的办学理念和策略。

(原载 2011 年 10 月《大视野》)

义务教育高位优质均衡发展路径探析

——以深圳市龙岗区为例

当前，我国已基本普及九年义务教育，逐步实现了义务教育的均衡发展。随着经济社会的进一步发展，人们对我国的教育发展有了更高的期望。著名学者朱永新认为："在社会的经济、政治、文化进步达到一定的水平后，基础教育均衡发展的目标就是为尽可能多的人提供尽可能好的基本教育。"广东省教育厅厅长罗伟其也曾经强调，在经济发达地区，教育均衡发展工作重心应该转移到质量层面上来，实现高位优质均衡。

一、义务教育高位优质均衡的内涵

义务教育均衡化大致可以划分为两个阶段：一是在普及义务教育的基础上，大力推进教育体制改革，追求教育条件和教育过程的均等，达到提升学校的教育教学质量、管理水平、师资力量及办学条件的目的，从而实现义务教育人力资源、教学资源、学生资源和教育经费等方面的均衡发展，确保所有适龄青少年享受相同或相近的教学水平、办学条件和教育质量，实现教育起点的公平和教育过程的公平。这属一般意义上的义务教育均衡发展阶段。二是通过国家"县域义务教育均衡发展"督导评估后，逐步把义务教育均衡化工作侧重点从"公平"转移到"优质"、从"缩小差距、追求均衡"转移到"鼓励差异、彰显特色"的高位均衡上来，此阶段的工作重点和核心就是"优质"和"特色"，称之义务教育高位优质均衡阶段。义务教育高位优质均衡包含两个方面的内涵：

（1）从发展层次上看，义务教育高位优质均衡就是要在资源配置均衡以及教育起点公平和教育过程公平的基础上，实现教育教学质量的优质均衡发展，它是基于教育结果公平的高级均衡，是没有终点的动态过程，实质就是在均衡化的同时不懈地追求优质化。

（2）从发展内容上看，义务教育高位优质均衡要通过体制机制的创新，着力学校的内涵建设，全面提升教育教学质量，促进义务教育高水平可持续发展。同时，要紧紧立足学校的办学传统和优势资源，积极开拓特色兴校之路，努力彰显办学特色，创造有利条件全面推进学生认知力、创造力和意志力的发展，让每个学生最大限度地发挥自己的特长和潜质，促进学生的全面发展，为其今后实现可持续发展和价值打下牢固的根基。

二、现状分析

随着义务教育的不断推进，我国的义务教育取得了很大的成就，但由于我国经济文化发展水平的不平衡，客观上造成了义务教育发展的不均衡。在经济相对落后的地区，尚处在一般意义上的义务教育的均衡发展阶段，实现均衡发展的任务还很艰巨。而在经济较为发达的地区，则已经完成了义务教育人力资源、教学资源、学生资源和教育经费等方面的均衡发展，开始面临如何实现高位优质均衡的新问题。现以深圳市龙岗区为例分析这一问题。

龙岗区地处深圳市东部，2015年，全区有办学单位487家，师生人数37.6万。公办义务教育学校79所，其中小学48所，初中7所，九年一贯制学校22所，完全中学1所，十二年一贯制学校1所，在校生111713人（外来务工人员子女63122人，占公办学位总数的56.5%）。近年来，龙岗区着眼于教育与经济社会的和谐发展，始终坚持教育优先的发展战略，全方位提升义务教育均衡发展水平。一是学位建设增量增幅大。通过新建、改扩建、回收三管齐下，8年来共新增学校63所，新增义务教育公办学位64595个，其中，2011～2013年全区义务教育公办学位分别增加2730个、13110

个、8790个,增量增幅均位居全市之首,为适龄儿童提供了充足的入学机会。二是义务教育各项经费投入稳步增长。以2010~2013年为例,义务教育预算内财政拨款分别增长3.9%、7.4%、7.9%、12.8%;小学生预算内教育事业费分别增长5.9%、1.1%、3.2%、9.4%,生均预算内公用经费分别增长5.5%、0.9%、10.1%、15.6%,达标率100%;初中生预算内教育事业费分别增长9.0%、1.5%、3.6%、6.8%,生均预算内公用经费分别增长8.3%、16.3%、1.9%、5.5%,达标率100%;教职工年人均工资分别增长7.5%、2.8%、2.7%、4.5%。三是义务教育入学率和巩固率高。近三年全区义务教育阶段适龄儿童入学率均保持在100%;九年义务教育巩固率超过93%,其中小学巩固率为123.27%,初中巩固率为93.8%。四是师资队伍学历达标率高。全区小学专任教师4639人,中师及以上学历4639人,占100%;初中专任教师2460人,大专及以上学历2460人,占100%。五是办学条件显著改善。区政府每年在部门预算中安排专项经费用于办学条件的均衡化改造升级,公办学校100%达到深圳市规范化学校配置标准。

2012年11月,龙岗区义务教育顺利通过深圳市人民政府教育督导室组织的广东省义务教育规范化学校复核验收,全部学校成为广东省义务教育规范化学校;2013年12月,龙岗区以优异成绩通过广东省教育厅组织的义务教育发展基本均衡县(市、区)省级督导评估;2014年3月,龙岗区以全省第二、全市第一的优异成绩通过国家县域义务教育均衡发展督导评估。这表明龙岗区义务教育正从一般意义上的均衡向优质、特色的高位均衡推进。

尽管龙岗区义务教育均衡化取得了巨大成绩,但也应该清醒地认识到,要实现高位优质均衡,我们还面临着很大的挑战,其中主要是优质教育资源分布、教育教学质量提升以及特色个性化发展诸方面的问题。

一是优质教育资源覆盖面需进一步拓宽。近年来龙岗区抢抓中央省市各类政策机遇,加大投入改善办学条件,利用现代信息技术,编织优质教育资源的"共享网络",消除"短板",实现了全区学校在教育投入、设备配置、师资配备、学校管理、教育教学等方面的合理优化配置,但由于各种因素的影响,龙岗区尚存在优质公办学位不足、优秀师资总量偏少等问题。

二是区域和校际教育教学质量不均衡。实现义务教育高位优质均衡，关键在于教育教学质量的均衡。目前，龙岗区教育实现了跨越式发展，教育质量得到大幅提升，但在不同区域和不同学校之间还不够均衡，存在"均衡不优质""优质不均衡"的不良状况，满足不了人民群众对优质教育的需求，影响了义务教育高位均衡的推进。

三是学校个性化办学模式有待加大探索力度。以均衡为主导发展义务教育的观念和思路容易带来弊端，如：义务教育均衡发展标准化评估会抑制学校的特色发展，模式化教学指导方式也会在一定程度上影响教师工作的主动性和创造性，难免产生"千校一面、千师一面、千生一面"的现象。龙岗区 2009 年开始实行"一级办学一级管理"城市教育管理体制，实现了全区学校在教育投入、设备配置、师资配备、学校管理、教育教学等方面的"五个统一"，对义务教育均衡化起到了很大的推进作用，但也不可避免地影响了学校个性的弘扬与办学特色的创建。教育不是培养整齐划一的人，而是培养各具特色的个性人，打造适合每个人的特色教育、促进个性自由发展才是教育的终极目标。因此，步入后均衡化时代，如何充分尊重学生个性，促进学生健全而充分发展，彰显学校办学特色，是这一阶段必须深入研究的课题之一。

三、对策思考

义务教育均衡化是一项长期性、系统性和战略性工程。龙岗区义务教育要实现高位优质均衡发展，必须牢牢把握"优质"和"特色"，高举改革创新大旗，切实转变观念，形成新的思维方式，全面提升义务教育质量，有力推进高位均衡化义务教育的可持续发展。

（一）创新办学体制，形成多元化办学格局，扩大优质教育资源覆盖面

1. 创新学校建设新模式，引进社会资本办教育

实现义务教育高位均衡发展，仅仅依靠政府的投入是不够的，还需要全

面调动社会资本办学的积极性。因此，要积极推进教育投融资体制改革，创新社会资本投入教育的方式与路径。在已出台《龙岗区鼓励社会资金投资城市更新项目周边公共设施暂行规定》的基础上，进一步完善相关政策或出台指导意见，搭建捐资建校、融资建校、助学助教三大平台，探索更全面、比例更灵活、适用范围更广的社会资金投入模式，形成多元化的教育投入渠道，以创新的思路、创新的体制和创新的方法拓展优质教育资源，促进义务教育教学质量的提高。

2. 积极探索办学新模式，推进政府资助学校改革

按照区委区政府"大胆探索、加快实施"的指示和市教育局"先具体试点、再出台政策"的要求，学习借鉴发达国家和地区先进办学模式，全面启动以"民建公有、民营公助"（政府提供教育用地，拥有学校所有权，资助教育经费，引入社会资本建设，由社会知名教育机构承办）为主要特点的公益非营利性政府资助学校试点改革。启动一批项目的先行试点，逐步完善区政府资助学校建设、招生、管理、师资、课程、财务等配套政策体系，探索完善多元办学模式，形成多元竞争格局，提高办学质量。

（二）创新管理体制，扩大学校办学自主权，推动学校特色发展

1. 探索理事会领导下的校长负责制

以简政放权、民主管理与决策、激发办学活力为导向，推进现代学校制度建设，探索建立理事会领导下的校长负责制。在引进名校合作办学、政府资助学校试点改革、新开办公办学校等三个方面先行开展学校办学理事会管理制度的试点与探索，并逐步扩大现有公办学校的办学自主权。通过修订完善《龙岗区公办学校管理规程》，厘清教育行政部门、学校理事会和校长等主体的权责界限，强化学校理事会在校长选聘、教师聘用、课程设置、教师交流等方面的自主权，着力提升学校管理实效，加快推进龙岗区教育治理体系和治理能力的现代化，促进教育教学质量的提升。

2. 探索个性办学模式，彰显学校特色，满足社会对教育的多层次需求

办学特色化和教育个性化，不仅是深化教育改革、全面提高教育质量的

大势所趋，也是实现更高层次均衡发展，满足人民群众对教育的多层次需求的迫切需要。

（1）结合实际，准确定位，明确方向，走特色办学之路。在推进义务教育发展过程中，尽管我们追求最大限度的均衡，但由于每所学校自身的历史背景以及师资力量、生源状况等条件的不同，必然会存在不同程度的优势和弱势，学校与学校之间难免会有差异。近年来，有学者提出了"特色均衡的差异"思想，认为义务教育优质均衡发展是和谐的发展，而有差异是和谐的本质，把有差异定位为有特色，就有可能创造特色均衡的义务教育和谐发展之路。因此，我们应该清醒地认识到，高位优质均衡发展不是要抹平差异，而是要正视这些差异，扬长避短，因校制宜，办出特色。换言之，就是每所学校都应该结合自身实际，根据教育教学规律进一步明确办学思路和办学方向，制定学校的发展规划，努力寻求学生个人理想、学校发展目标和社会大众需求的最佳结合点，走特色办学之路。

（2）从"追求均衡"到"鼓励差异"，因材施教，实施个性化教育，充分发掘学生的潜力，为学生今后的可持续发展奠定坚实的基础。面对日益增长的国际竞争，我们的义务教育该如何应对？即真正落实素质教育，实现学生个性化发展，为培养具有创新意识和创新能力的优秀人才打下基础。简单来说，我们的教育就应该从"有教无类"转变为"因材施教"。

美国心理学家霍华德·加德纳的多元智力理论认为，人的智力由言语——语言智力、逻辑——数理智力、视觉——空间智力、音乐——节奏智力、身体——动觉智力、交往——交流智力、自省——自知智力等多种智力构成，不同的人有不同的智力优势领域。每个学生都是一个鲜活的个体，人与人之间的差异是客观存在的，有不同的成长背景和不同的兴趣、性格与潜力，在理智和情感、爱好和能力、意志和性格、态度和行为等方面往往具有独特性和唯一性。我们的教育就是要承认、接受、珍视学生之间的差异，努力发现每一个学生独特的个性和特长，构建特色化的教育教学模式。因此，每所学校应结合自身的实际，以学生的个体差异和发展的不平衡性为本，在教学内容和教学方式上大胆改革，勇于创新，创设多种多样满足学生个性化发展要求的课程和活动平台。通过结构、内容、形式多样的课程和丰富多彩的集体活动，为学生提供表现与锻炼的机会，满足和培养学生不同的需求与爱好，为学生个性的发展与潜质的发掘创造条件。当学生的个性化发展得到满足后，往往会带动其他方面的发展，最终实现全面发展基础上的特色高水平发展。

（三）创新评价机制，建立相对独立的教育督导评价体系，保障和提高教育教学质量

1. 把握督导评价原则

义务教育督导评价机制是贯穿于整个过程和各个方面的机制，优质的督导评价体系，是保障义务教育事业又好又快发展的基石。步入义务教育后均衡化时代，教育督导评估必须重新定位，形成新的思维方式。因此，义务教育督导评估必须遵循以下原则：

（1）"管办评"分离原则。从教育评价主体、评价内容、评价途径等方面开展教育督导与教育评价机制改革，突出教育督导与教育评价的相对独立性和导向性。

（2）增值性评估原则。把评估校长、教师、学生的努力水平和进步程度作为评估重点，真正实现从"标准性"评估转向"增殖性"评估。

（3）尊重差异原则。各个学校在办学背景、办学基础以及办学特色等方面的差异是客观存在的，在督导评估过程中要充分尊重各个学校的个体差异，把学校特色发展和学生特长以及教育教学管理模式上的创新作为实现差异性发展的方向与目标。同时，要根据这种个体差异，与学校合作制定个性化的评估指标，充分挖掘学校潜能，使各个学校在达到教育基准和全面发展教育目标的基础上，真正实现特色发展，从而步入生动活泼、丰富多彩、勇于创新的理想教育佳境。

2. 完善教育督导体制机制

优化挂牌督导工作方式，在督导内容、督导方式和督导结果运用等方面大胆创新，切实提高责任督学履行监督指导、调查研究、推介典型、提出建

议等职责的能力和水平，科学高效地推进督导责任区建设，逐渐形成个人督导与团队督导、专项督导与综合督导、定期督导与随机督导相结合的工作机制，建立具有龙岗区特色的学校教育教学工作经常性督导制度。

3. 建立区域教育质量监测与评价体系

探索开展学生专项素质监测、体质健康监测，开发适合龙岗实际的区域教育质量健康指数，建立完善教育督导部门归口管理、专业机构提供服务、社会组织多方参与的教育质量监测与评价体系。进一步完善《龙岗区教学质量监控与评价方案》，定期或不定期进行全区学业水平监测，综合评定学校教育教学质量和学生学业质量。

（本文选自2015年在深圳市义务教育均衡发展上的交流发言）

区域国际化学校建设与发展初探

2015年11月9日至13日,深圳市龙城区教育局与龙岗规划国土管理局组成联合考察组,赴北京、上海、苏州进行了为期5天高强度高效率的学习考察,期望借鉴北上苏顶级国际化学校建设的亮点、经验,吸收转变为龙岗做法。

一、基本情况与成果

北京市东城区是首都的中心城区,是全国基础教育改革试点实验区、教育部12家"管办评"分离改革试点单位之一,是国内开展学区化、集团化办学改革最彻底最成功的地区。考察团拜访了北京市东城区教委,并参观了全国第一所国际学校——北京顺义国际学校。东城区教委认为,双方均有多个教育改革项目领跑全国,互补性强,计划在办学体制改革、推进教育公平、教育信息化、人才队伍共建等多个领域展开全面战略合作。龙岗区教育局和北京市东城区教委正式签署了教育改革战略联盟协议。此外,考察团还奔赴上海、苏州,参观了上海协和双语学校、上海世界外国语中学、上海大学附属外国语学校等国际化程度较高的高端民办学校,并和国际IB课程三大创始者之一、全球有15家分校的世界联合学院(常熟)做了深入沟通,还和已有8所国际化学校的领科国际教育机构做了深入的对接。这些国际化学校普遍具有"两大两化两高"的显著特点,即"占地面积大、投资金额大;设施现代化、管理精细化;学生收费高、教师待遇高"。

二、国际化学校建设与引进的举措

在龙岗区区委区政府的领导下，相关部门研究提出了国际化学校建设的基本思路，对学校选址、土地使用和建设模式进行了多次调研，对本区国际化学校的准入门槛、运营监管及退出机制提出了初步意见。结合本次考察我有如下思考：

1. 多措并举，以差别化方案加快推进不同片区国际化学校建设

一是政府建设＋中标方运营模式。由龙岗规土部门负责法定图则调整，区土地整备中心负责土地整备，政府将土地协议出让给区教育局。区政府招出中标方，按中标方要求建设学校，中标方负责对校舍进行精细装修和后续运营。

优点：消除投标方前期资金投入过大的顾虑，有利于吸引更多的顶级国际教育品牌参与竞标；政府可以结合自身需求提出建设构想和服务需求；有利于筛选出真正有影响力的顶级国际教育品牌。

缺点：政府全额投资建设的国际化学校目前没有国家颁布执行的建设标准，在建设过程中需相关部门突破政策。

适合近期建设目标：中心城、坂田拟选地块。

二是投标方竞拍土地＋建设学校＋运营学校打包模式。中标方通过竞拍获得土地使用权并负责建设、运营学校。

优点：中标方独立完成国际化学校建设、办学全部流程，政府参与较少。

缺点：中标方前期竞拍土地、建设学校将投入大量资金，需中标方具备较高资金实力（在本次考察的10所国际化学校中，仅有北京鼎石国际学校是以此方式拍得土地，建设运营）。

适合远期建设目标：坪地低碳城拟选地块或其他地块。

三是存量资源改造＋中标方运营模式。考虑到龙岗区土地资源较为紧缺，可以挖掘现有土地潜力，推进旧厂房改造后再利用，规划建设国际化学校。建议对龙岗区闲置、待租的厂房进行梳理，选择建筑物布局合理、易于改造、交通便利、生态环境良好的厂房，由有实力的公司进行改扩建、装

修，由区认同的教育品牌（如深圳中学）开办国际化学校或完全由中标方按照相关标准进行改扩建并负责学校运营。

优点：可以有效集约利用土地，学校建设周期较短。

缺点：因原布局已定，难以做到真正意义上的高起点规划、高标准建设。

适合快速建设目标：经初步梳理，在龙岗区龙东社区、爱联社区均有可供改造的厂房、宿舍。

2. 强化扶持，研究出台吸引顶级国际教育品牌落户的优惠政策

为鼓励国际教育品牌积极参与区域国际化学校建设运营，可根据不同地块要求研究对口扶持优惠办法。政府可以采取经费资助、校舍出租、降低地价等措施支持国际化学校建设，并结合即将出台的龙岗区民办教育三年行动计划给予更多的优惠扶持。若采取向国际教育品牌出租校舍的方式，建议由政府通过行政划拨方式供其租赁使用，并适当降低租金；若采取国际教育品牌参与土地招拍挂方式，建议适当降低地价。

同时，通过召开专项推介会、网上发布等多种方式向社会适时发布招标信息，介绍国际化学校的选址地块情况、准入门槛及政府扶持政策，积极吸引顶级国际教育品牌落户龙岗。

3. 系统设计，完善龙岗区基础教育国际化配套政策，提升现有公办民办学校国际化水平

教育国际化是整体工程，仅依靠少数几个国际学校很难全面提升区域国际化水平，需要全面加大龙岗区教育国际化进程。一是加强顶层设计，研究出台区基础教育国际化的一揽子支持政策，设立教育国际化专项经费，加强外籍教师配备，完善教师海外培训机制，加强海内外教育交流和合作。二是充分利用民办学校体制机制灵活的优势，建立和完善信息共享与交流机制，搭建合作交流平台，鼓励支持优质民办学校走国际化特色化之路。三是推动一批有基础的学校先行先试，点面结合，及时总结推广成功经验，加速提升区基础教育国际化整体水平。

4. 加强保障，成立区级层面的国际化学校规划建设领导小组，建立常态化工作机制

国际化学校建设是一个系统工程，涉及土地、办学、建设等多项工作，为更好地推进国际化学校建设工作，建议成立龙岗区国际化学校建设领导小组，统筹国际化学校建设工作，综合研究土地、洽谈、招标、建设、运营等方面的优惠政策与监管措施，加快推进各项具体工作。

三、国际化学校发展的认识与思考

1. 基础教育国际化是建设深圳东部中心战略的重要支撑

各地政府都高度重视基础教育国际化工作，如上海市徐汇区紧密配合"现代化国际大都市一流中心城区"的战略定位，以国际化学校建设为支点，积极构建基础教育国际化发展体系。北京市东城区积极扩大教育交流与合作，引进优质教育资源，建设与"国际化现代化新东城"相适应的基础教育国际化体系。

当前，龙岗教育已跻身省市先进行列，步入个性化国际化发展新阶段，追求更高品质、更具影响的国际化教育正当其时。为主动适应市区新战略新形势新要求，区基础教育国际化工作力度必须加大，进程必须加快。

2. 顶级国际化学校品牌将成为全面提升区域国际影响力和竞争力的靓丽名片

北京、上海、苏州的教育国际化起步很早，北京顺义国际学校、北京鼎石国际学校、上海世界外国语中学、世界联合书院（常熟）等一大批知名度高的国际化学校不断涌现，为北上苏等地区集聚国际高端人才和世界500强企业做出了突出贡献。通过引进和培育顶级国际教育品牌，快速优化和提升城市核心竞争力及发展软实力，已成为各地政府的一条重要经验。

当前，深圳国际大学园、坂雪岗科技城、坪地低碳城等重点区域加速崛起，必然要求配备与之相适应的高品质国际化学校。为更好服务和超前引领龙岗区经济社会发展，在教育国际化中成功实现弯道超车，迫切要求我们不

走寻常路，尽快吸引北京、上海顶级国际教育品牌落户龙岗，真正实现龙岗教育的跨越发展。

3. 各地政府提供的扶持政策与优惠条件普遍较为丰厚

在本次考察中我发现了一个共同特点：各地政府扶持的力度都很大，除了北京鼎石国际学校以外，其余都是政府免费提供土地，有的甚至建好校舍，承办方只负责装配、开办和运营。北京顺义国际学校、上海协和双语学校的土地由政府免费划拨；世界联合学院（常熟）不仅由政府免费提供土地，还投入了1亿美元作为启动建设资金；上海大学附属外国语学校向政府租用了土地和校舍；无锡太湖新城国际教育园由政府提供15万平方米的土地，负责建好校舍，狄邦教育集团负责1亿左右的可移动设施设备投资，前4年为免费租赁，以后按学费收入的6%至8%缴纳租金。

当前的龙岗区国际化学校建设，本质上是政府主导下的国际化进程，引进顶级国际教育品牌有利于更好地实现区委区政府的战略意图，促进区域经济发展，这必然会对政府提出较高的合作条件。

4. 国际化学校办学定位正从"洋高考"全面转向中西交融、培养国际化人才

全球化的时代，教育也必然加速全球化进程。当前国内开办国际课程的教育机构已超过1000家，很多直接使用A-Level、AP、BC、IB等国际通用课程体系，但这些课程大多由国外专家研制，无法与中国文化传统有机衔接。此次考察的高端国际学校在课程建设上投入都很大，均研制出了适合自身教育理念和学生实际情况的校本化中国化国际课程。北京顺义国际学校校园文化中采用了大量的中国元素；北京培德书院开发了"二十四节气"课程；世界联合学院（常熟）将IB课程的社区服务课时要求提高了三倍。

今后的国际化学校，不单是引进西方的课程，而是和"人"的发展紧密结合，探索出既能继承文化传统，适应中国社会，又能汲取世界教育精华的新型教育模式。国际化教育已渐渐从当年纯粹的"洋高考"转向培养具有中国传统文化基底和国际视野、通晓国际规则、能够参与国际事务和国际竞争的国际化人才。

（本文修订自赴北京、上海、江苏等地的教育国际化考察报告）

推进龙岗基础教育国际化发展新路径

2015年8月20至27日,我随龙岗区政府国际教育考察团一行8人,赴美国、加拿大进行了为期8天的旋风式访问考察,实地考察学习发达国家基础教育改革、教育国际化的新成果。考察团先后访问了美国马里兰大学(University of Maryland)、珊帝泉友中学(Sandy Spring Friends School)、康考迪亚预科学校(Concordia Preparatory School)和加拿大英属哥伦比亚大学(University of British Columbia,UBC)、列治文市教育局及其所属中小学,详细考察了美国加拿大各层级各类别学校的场地校舍、设备设施、办学情况,充分学习了国外的最新教育理念、课程设置、管理经验与教育成果,特别是向当地教育部门和学校全面推介了市情区情、深圳国际大学园、龙岗基础教育的基本情况及相关优惠政策,并与美国马里兰大学、珊帝泉友中学和加拿大列治文教育局签署了全面合作备忘录,正式确立了战略合作伙伴关系。

考察让我对龙岗区课程建设、师生交流、国际合作的新路径有了积极的思考与探索。

一、考察基本情况

1. 马里兰大学

马里兰大学建于1856年,地处华盛顿特区城市圈。作为美国最好的公立大学之一,拥有6名诺贝尔奖获得者、10名普利策奖获得者、49位国家科学院院士和数十位福布莱特学者。学校因其卓越的教学及研究实力而享有盛誉。马里兰大学有 31 项专业名列全美前 10 名、61 项专业名列全美前 15 名、90 项专业名列全美前 25 名；2014 世界大学学术排名位列第 43 名。

马里兰大学一直致力于推动中美关系的建设与发展。早在 1915 年，中国留学生赵纯钧已在此求学。1972 年，"乒乓外交"美国站在科菲尔德体育馆成功举办。马里兰大学现任校长陆道逵为建校 150 年来的首位华裔校长。学校设有专门的中国事务办公室、世界历史最悠久的孔子学院；有来自中国的本科生及研究生 2500 余名，教职员工 500 余名，与中国开展的合作科研与教学项目涉及校内全部 12 个学院。

马里兰大学教育学院实力雄厚，国际教师培训项目前沿且先进。2013 年，马里兰大学承办了成都中小学校长教育领导力培训项目，非常成功。就在我们到访的前几天，刚刚完成了成都市武侯区为期三周的教师集中培训。

2. 珊帝泉友中学

珊帝泉友中学成立于 1961 年，占地约 850 亩，位于马里兰珊帝泉社区中。该校以学术严谨、关注素质培养的教育环境著称，不同国家背景的国际学生在这里可以提高英语语言技能，适应美国院校生活，成长为有责任感和同情心的全球公民。

现有在校生 572 人，教师 74 人（21 人有高级学位），师生比 1∶8，国际学生比例达到 25%，提供 12 门 AP 课程。学校要求毕业生要进行 20 个小时的社会服务，并开设了棒球、高尔夫、攀岩、滑雪、皮划艇等 40 余门体育课程。从国外来到珊帝泉友中学的所有非美国学生均需报名参加国际学生计划。

3. 康考迪亚预科学校

康考迪亚大学（Concordia University），管辖美国十所学院和大学，旗下所有机构均以"协和"命名。学校汇聚了世界上最优秀的各学科教育大师，两百多所分院遍布全球，与哈佛大学、耶鲁大学、麻省理工学院、普林斯顿大学一样连续七年荣获全美最佳大学。

康考迪亚预科学校是马里兰州建立最早的私立中学之一，位于巴尔的摩市近郊。学校占地152亩，设施完备，建有科学实验室、图书馆、室内体育馆、标准体育场、网球场、棒球场等，现有学生328人，专职老师35人，50%的教师有研究生学位，学生教师比例10∶1。绝大多数学生都来自当地美国白人中产家庭。

学校提供的大学预备课程很具挑战性，包括五门大学学分高级课程（Advanced Placement）、SAT辅导课程和多门荣誉课程（Honor Course）；全部小班教学，提供一对一学习辅导和大学申请辅导，大学升学率100%。学校提供专职教练的体育项目有越野、高尔夫、曲棍球、摔跤、橄榄球等13个项目。2013年11月，深圳市梅山中学与该校缔结为友好学校。

4. 加拿大英属哥伦比亚大学

加拿大英属哥伦比亚大学（UBC）位于加拿大温哥华市，是加拿大最难申请及淘汰率最高的大学之一，世界排名保持在35名以内。学校尤以科学研究和研究生教育见长，在整个北美洲基于科研成果而成立的公司数量中名列第三，仅次于麻省理工学院和斯坦福大学。除了多样化的学生、全球化的远瞻眼光及杰出的研究成果外，学校的温哥华校园还被誉为全北美最漂亮的校园。

UBC大学与中国有着悠久的合作关系。1988年12月，清华大学通过X.25网与UBC大学相连，开通了中国电子邮件的第一次应用。2010年10月，UBC与武汉大学正式建立师生交换、科研交流等全面合作关系。UBC非常重视亚洲和中国文化，开设了130门有关亚洲的课程，还设有中国研究中心，中文图书的藏书量达20万。针对亚洲人普遍存在的语言问题，UBC专门开设了适合亚洲特别是中国学生的英语课程。UBC高层多次访问深圳市，与华南理工大学达成初步合作意向，计划共同在深圳市龙岗区开办特色学院。

5. 列治文市教育局

列治文市位于加拿大不列颠哥伦比亚省，临近温哥华市，居住人口15万多。该市是加拿大华人居民比例最高的城市，也是北美地区唯一一个华人人口比例超过40%的城市。

列治文公立校区拥有49所中小学，其中11所高中里的8所招收国际学生。列治文公立校区可谓是加拿大名校的摇篮，开设了 IB、AP 等多种名校预备课程。学校独有的法语教学环境和先进的苹果电脑网络设备，为不同领域的留学生提供了多元化的支持；每年仅一次的开学周期和低于 3% 的国际留学生数量充分说明了学校从各个侧面控制学生数量和质量，以保证其高效的教学品质。

近年来，列治文市教育局与南山实验学校、宝安区、龙华新区政府合作，在公办学校开设国际化教学实验班。其中在宝安第一外国语学校开设的中加实验班最为成功，该校在不同年级共开设了 6 个实验班，每班 1 位外教，由列治文市教育局遴选 6 位优秀教师，他们不仅教英语，还教科学、音乐、体育等学科。聘请外教的经费由区财政承担，实验班的学生以自愿为原则，通过摇号产生，不择优、不遴选。该实验项目已开展 6 年，实验班学生英语中考成绩比非实验班高出 10 多分，不仅英语，其他学科成绩也大大超过非实验班的学生，更为重要的是，实验班的学生通过参与课堂，改变了学习态度和方式，建立了自信和积极乐观的人生态度。

6. 列治文中学

列治文中学始建于 1920 年，有学生 1228 人，教职员工 64 人，提供 8—12 年级课程。该校是列治文市唯一一所提供 IB 课程的学校，因此在列治文市很受欢迎。列治文中学一学年有 10 个月，分为 3 个学期。除了 IB 课程之外，还提供 Global Perspectives Program、AVID 等多种项目给不同需要的学生，为学生进入大学、步入社会做准备。该校不仅提供基础理论教育服务，同时注重为学生打下坚实的社会生存技能基础，学校设有高等级的烹饪、机械、木工等专业技能教室，部分学生在校即可考取相应职业等级证书，中学毕业可直接就业。

二、教育考察的思考与借鉴

（一）以教师为本，高标准把控教师成长各环节

教育的关键在教师，美国、加拿大也不例外。在为期 8 天的考察活动

中,考察团成员充分感受到美加政府对教师培养的高度重视,主要体现在以下几个方面:

1. 健全教师培养模式,促进师范生向教师转变

以马里兰大学为例,学校制定了针对性较强的分级分类教师培养模式。在本科层次,针对未来小学教师以综合课程为主,认证后获得不分科的早期儿童教育(学前和1—3年级)、初等教育(1—6年级和中学)教师资格证书;针对未来中学教师以分科课程为主,认证后获得分学科专业的中等教育教师资格证书,例如数学、生物、物理、化学、历史等教师证书。同时还有适合所有年龄段的特殊教育、体育教育和音乐教育教师资格证书。为了增加数学和科学教师的供给,学校计划实施"马大教育计划"(the Terps Teach Program),建议和吸收数学和科学专业的学生从事教师职业,鼓励他们在大学一二年级时到公立学校的课堂实习,保证他们在大学学习正式的课程的同时,还会得到中学优秀教师的指导。

与此同时,通过延长教学实习期,强化未来教师的教学实践能力。近年来,美国全国教师教育认证委员会(National Council for Accreditation of Teacher Education,NCATE)提高了教师教育的质量认证要求,一方面规定申请认证的教师教育机构如要获得认证,必须证明其具有达到"优异"的潜质,而不能只保持在"可接受的水平";另一方面,在认证标准上更加强调了教学实习的重要作用,在公立学校建立仿真教学情境,更加重视对现实课堂的模拟,实施基于问题的学习,而不仅是学术性的课程。鼓励教师教育机构为师范生提供为期1年的实习培训,以教学实践为核心,辅以课程学习。鼓励教师教育机构积累有效的教师职前准备经验,帮助K-12学校解决面临的主要挑战,更好地满足当今K-12学生的需求,从而弥合理论与实践之间的鸿沟,确保接受教师教育的师范生能够帮助多元文化背景下的学生成为成功的学习者。

2. 科学制定认定标准,严把教师入口关

美国联邦法案要求中小学正式教师必须取得教师证书或执照,美国教育考试服务中心(Educational Testing Service,ETS)积极推进全国统一的标

准化考试和测评服务,建立了以 Praxis 为代表的标准化教师资格考试体系。Praxis 标准统一、内容丰富、形式多样,主要测验认知、技能以及成为教师的其他必备素质。Praxis 已成为美国国内最具权威与应用最广泛的教师资格考试,包括马里兰州在内的美国 44 个州均采用了该评价标准。

同时,还要根据 Praxis 测试结果来评定申请者是否适合从教。Praxis 有三级考试。Praxis I 是学业技能评价,用以测试候选人基本的学业技能水平,决定其是否能进入教师培养计划。所有新老师,都要在教学实习前首先通过 Praxis I 的阅读、写作和数学考试。Praxis II 是学科专业评价,用以考查候选人的学科专业知识和教学知识,决定其是否能进入"新任教师实习计划"。测试范围包括专业知识以及与专业知识相关的教学法,各学科专业的分数要求不统一。Praxis III 是课堂行为评价,主要考核新教师的课堂管理技巧,是基于课堂演示所做的评鉴,在任教第一年学期结束前进行,通常也被当作决定教师在任教一年后是否被续聘的参考。马里兰州不发放永久性教师执照,需依不同状况换照或续约,并需要所有教师都必须修读 12 学期学分(幼儿教育、小学及特殊教育)或 6 学期学分(中学及特殊教育等)的阅读课程。

3. 发挥制度的导向作用,提升教师培训主动性

在加拿大,教师参加的所有培训都是个人申请,个人付费。加拿大的教师资格证有效期为五年,每五年要进行一次重新认证。在五年的时间里,教师必须自费申请参加上级教育部门规定的 300 学时培训,并取得相应证书,才有资格申请新的教师资格证和晋升更高一级的教师职称。加拿大的中小学教师分为四个等级,每个等级年工资相差约 1.2 万加元,这对教师无疑具有巨大的诱惑力,自费参加培训就有了动力,教师参加培训自然积极认真。

学校管理人员参加培训更加自觉,教学工作到一定年限后,可以申请参加教务主任(或训导主任)培训班学习,费用也由个人承担。完成 300 学时的培训并取得资格证书后,到地区教育局登记进入相应的人才库,当有学校申请更换或派遣教务主任(或训导主任)时,地区教育局就组织专家从相应的人才库中评选出合适人选,派遣给相关学校使用。教务主任想升任副校长,副校长想升任校长,都是先自费培训取得证书,后经教育局专家组评选

注重趣味性，做到了生活常识的知识化，学科知识的生活化。学生在活动中不是单纯地看一看，走一走，而是具有很强的互动性，既有学习知识的课堂——由专职人员为学生讲解相关知识，又提供给学生动手操作的平台，让学生亲身感受相关知识的场景，还提供给学生进行创造活动的场所。活动的组织者十分注重学习内容，根据学生的生活经验、学科知识的新进展和各学科知识间的相互渗透与融合，设计开展活动。

4. 教法多样，评价多元

在美国，学校和教师在教材的选用上享有高度的自主权和完全的使用权。教师也完全可以根据课程标准自行编写教材。从教法上看，自主、合作、探究，强调以学生为中心，重视学生的知识形成过程，关注学生综合素质的培养，把培养学生的创新意识和实践能力放在首位。美国教育评价的体系、主体、手段都是建立在促进学生全面发展、激励教师上进和推动课程不断完善基础之上的。教师评价方面，在关注教师的教育教学业绩的同时，更加注重教师的专业发展，既关注结果，也关注过程。学生评价方面，从定性评价来看，关注的是道德观、责任感、礼貌教育、合作意识、奉献精神、社区服务精神，等等；从定量评价来看，把校本课程教育的评价纳入所有学生都必须参加的各种水平测试之中，如2—11年级的CAT考试，甚至在关乎学生升学的SAT1和SAT2考试中都有校本课程的内容，并且学生的校本课程成绩要记入学生的学分之中。

（三）教育国际化应是多元双向互动的国际化

在考察的所有中小学中，几乎无一例外地都贴了一张世界地图，上面用各国国旗标注了该校国际学生的来源国，密密麻麻，生动地体现了学校的国际化程度。学校主动分配一部分招生名额给国际学生，希望世界各地的学生来到学校，与本国学生无缝隙地学习、生活、交流，实现理念、文化、习俗等全方位的碰撞和交融。他们的国际化，不仅有"请进来"，还有"走出去"，利用假期组织国外游学，动员学生到世界各地周游，感受多元文化的冲击。因此，教育国际化不仅仅是语言的国际化、课堂上的国际化，也不仅才能如愿。

（二）立足学生终身发展，构建多元校本课程体系

通过对美国中小学的考察，我们了解到美国的教育组织架构是：教育部—各州教育厅—学区教育委员会—学校董事会—校长，这种架构，减少了许多不必要的中间环节和重叠机构，提高了各级教育部门的工作效率。同时，美国的教育管理行政部门和教育管理者都十分尊重学校、教师和学生在教育中的基本权利，正是这种教育管理体制决定了美国课程体系的特点。

1. 资源丰富，免费共享

经过多年的课程改革，美国校外课程资源得到了充分的开发和利用。以马里兰州为例，艺术、自然、航天等博物馆全部免费参观。丰富的课程资源得到充分利用，是美国中小学校本课程教育中的一个显著特征。博物馆、纪念馆、艺术馆、公园等一切具有教育意义的公共设施都免费向学校和学生开放，并无偿使用，社会公共教育资源日常运作所需的费用从公共事业经费中划拨。

2. 分类设置，特色鲜明

各个学校都会充分利用当地的社会教育资源，结合课程标准以及学生的年龄特点、认知特点来设置自己的校本课程内容。因此，客观上造成了美国校本课程的多元性、多样性，除了语言、阅读、写作、数学、科学、历史、体育、艺术等，还包括校内的模拟社会活动、社区实践与义工服务等社会实践活动。所有这些校本课程都围绕着发挥学生特长、创建学校特色、注重学科知识拓展、培养学生综合素质来实施，都属于学校课程设置中的必修课范畴。

3. 注重实践，贴近生活

从知识的载体上看，教科书不是唯一的课程资源，生活中的各种资源，以及学生喜欢的活动形式在教学上得到了充分的展开和利用。为学生提供的社会实践活动，活动内容根据学生的年龄特征和知识层次进行了精心的设计，都是学生非常感兴趣且与日常生活密切相关的知识，既注重知识性，又

仅是"去国外"的单向流动，而应是多元、双向、互动、常态化的国际化。

教育国际化应从教师的国际化做起。外国同行已高度认识到国际化是不可逆转的大趋势，他们非常欢迎不同文化背景的教师同行前去交流，无论大学还是中小学，都有与世界各国合作的悠久历史。考察团在加拿大列治文中学考察时了解到，该校已组织学生到 20 多个国家交流。特别值得一提的是，近年来，加拿大列治文市教育局与深圳南山、宝安、龙华教育局深入合作，不仅派教师来深圳任教，而且每年均有不少中加学生利用寒暑假参加该教育局组织的夏令营、冬令营。

三、基础教育国际化的龙岗路径

1. 加快推进国际化学校建设

近年来，香港中文大学（深圳）等国际知名高等院校纷纷落户，为龙岗区带来了更多的国际化教育元素。为主动适应全区建设深圳东部创新中心的战略部署，龙岗区教育局正全力推进基础教育国际化，其中一个重要举措就是积极与知名国际教育品牌洽谈合作，引进国际优质教育资源，在大运新城、坂田科技城、坪地低碳城等区域规划建设3—4所国际学校。

2. 拓宽教师海外培训的途径和渠道

为拓宽教师的国际视野，增强教师的国际化意识，建设一支高素质、国际化的教师队伍，建议区政府重启区级教师海外培训计划。可由区教育局牵头，与国外学校缔结友好关系，双方互派教师到对方学校执教或跟岗学习。在"引进来"方面，可邀请有丰富培训经验的马里兰大学和加拿大列治文市教育局等教育机构来深圳，对龙岗区的校长和老师进行培训；在"走出去"方面，可组织校长参加马里兰大学的校长教育领导力等培训课程，组织学科带头人到国外跟岗学习提升。

3. 加强校本课程的开发利用

一是从制度上保障社会所有适合中小学学生教育的相关教育资源无偿向学校、学生开放，同时由政府向这些场所注入相应的资金，保证其正常运作。二是加大校本课程创新力度，实现与国家课程的有效衔接、有效配合，保证校本课程教育在学校课程教育中的平等地位。三是将学校的校本课程教育活动列入国家和地方的课程计划中，规定每周必须有一次社会活动实践，保证社会实践活动落到实处，变狭隘的学校教育为全社会关注和参与的大社会教育。

4. 探索教育国际化合作新路径

利用寒暑假时间，以游学、夏令营、冬令营等方式，组织双方学生到对方学校进行"浸润式"学习交流，甚至可以寄宿在当地居民家中，深度体验多元文化。同时，教育评价体系也必须与国际接轨，变现行的功利性评价为诊断性评价，变甄别性评价为发展性评价。在评价的目的和手段上真正做到有助于学生素质的全面发展，有助于教师专业素质的提高，有助于深化课程改革。

5. 探索设立国际教育实验班

学习宝安、龙华、南山引进外教的做法，尽快落实与列治文市教育局的合作备忘录，探索设立国际教育实验班，挑选1—2所义务教育学校为试点单位，在每所学校随机挑选4—6个班设立国际教育实验班。具体做法建议如下：

一是经费来源，提请区政府常务会审议，过会后纳入政府年度财政预算，由区政府拨款支付，每位外教每年费用约45万，每年共需450万。二是学生来源，不择优，摇号产生，以确保公平。三是教师来源，每个实验班派外教一名，该班的英语由外教独立教学，此外外教还承担该班音乐、科学等学科的教学任务。实验班其他学科由中国教师执教。四是教材，英语教材不一定选用国内教材，可由外教自行开发课程、编写教材。五是教学方式，鼓励学生主动参与、积极融入教学，以小组合作的方式开展教学，在教学中注重培养学生的批判性思维、团队精神和积极乐观的人生态度。六是教学评价，实验班学生照常参加学校的各类考试和全市组织的中考。

（本文修订自2015年9月区龙岗教育局赴美国、加拿大的教育考察报告）

深圳市龙岗区职业教育多元化发展的机遇与挑战

2015 年，中德职业教育国际论坛在深圳市龙岗区隆重举行，这对中德教育合作和龙岗区职业教育发展都将产生积极的推动作用。"在工业 4.0"和"中国制造 2025"的大背景下，对龙岗区职业教育的多元发展，我有如下思考。

一、龙岗区基本情况

龙岗区位于深圳市东部，辖区总面积 388.59 平方公里，管理人口 382.5 万，2014 年地区生产总值为 2321.25 亿元。龙岗区是深圳市工业大区和产业强区，拥有华为、比亚迪、神舟电脑等产值超亿元重点企业 324 家，也是深圳市重要的高新技术产业和先进制造业基地、传统优势产业集聚基地、物流产业基地以及金融产业基地。作为 2011 年世界大学生运动会的主会场，龙岗区的基础设施、城区面貌、产业经济、人文环境等都发生了巨大的变化，特别是近年来坚持"高端集聚、高端引领、创新驱动、创新发展"，积极推行"腾笼换凤凰"的产业转型升级，龙岗区已从深圳昔日的后花园华丽蝶变为一个经济发达、社会和谐、宜居宜业、活力迸发的国际化现代化先进城区。我们的目标是建设"生态龙岗、科教高地、创业新城、乐活家园"，龙岗区未来将成为深圳东部的创新中心，构建"一核三带多点"的产业空间体系："一核"就是以深圳国际大学园为核心，"三带"即科技及创新发展带、生活及现代服务带和高新技术产业带，"多点"将结合空间结构中的多个重点发展区，打造支撑龙岗区产业发展的多个空间载体。

在经济社会全面快速发展的同时，龙岗教育更是取得了跨越式的发展，一跃成为全市各区中教育规模最大、发展最迅速、质量提升最快的"教育之区"，先后获评广东省首批教育强区、广东省首批推进教育现代化先进区、全国教育改革先进典型、全国义务教育发展基本均衡区。

二、机遇：工业4.0背景下职业教育发展新路径

德国以先进的技术、可靠的品质在世界工业领域一直处于领先地位，"工业4.0"概念最早由德国政府在2013年的汉诺威工业博览会上正式提出。同时，我国今年3月份也提出了"中国制造2025"发展战略。无论是"工业4.0"还是"中国制造2025"，两者的核心概念都是智能化制造，而以智能制造为主导的工业变革被称为"第四次工业革命"。全世界各个国家都希望在新一轮工业革命中占领先机。作为现代制造业大区，龙岗区积极建设深圳国际大学园和大职训体系，构建终身教育的学习型城区，在职业教育上实施多元化发展路径，其规模和质量一直都居于全市各区前列。

一是投资办学多元化，推进"工学结合、共建基地、产学互动、定向培养"的校企合作办学模式，探索"引校进厂、引厂进校、前店后校"发展之路。二是招生培养多元化，面向微光电子、数字视听、通讯软件、汽车服务等领域创新探索"知识＋技能"、单独招生、自主招生等多元招生办法。三是师资建设多元化，龙岗区成立了"深圳市龙岗职业教育集团"，引进企业能工巧匠、技术标兵、职业能手等，促进"双师型"教师队伍建设。四是学生发展多元化，积极开发职业课程，形成对接紧密、动态调整的多元化职业课程体系，构建终身学习"立交桥"。与此同时，全面落实深圳市"全民素质提升计划"，每年招收近2万名在深在职劳动者，认定中级以上职称超4000人次。龙岗职业技术学校屡次在全国职业院校技能大赛中获得一等奖，是国家中等职业教育改革发展示范学校创建单位。

三、挑战：工业 4.0 背景下职业教育发展新思考

面临机遇的同时，我们更应该看到"工业 4.0"给制造业转型带来的新挑战：由要素驱动向创新驱动转型的挑战，由低成本竞争优势向质量效益竞争优势转型的挑战，由资源消耗大、污染物排放多的粗放制造向绿色制造转型的挑战，由生产型制造向服务型制造转型的挑战。目前，龙岗区传统制造业仍大量存在，随着人口结构调整、劳动力成本增加、产品竞争力以及汇率等方面的影响，依靠廉价成本要素投入、扩大产能规模的传统制造业竞争力将面临着极大的挑战。

教育要适应并适度超前于经济社会的发展。"工业 4.0"时代的到来对职业教育提出了更高的要求。"工业 4.0"时代来了，我们应该怎样应对？一是改革。改革是"工业 4.0"对职业教育提出的客观要求。人类正在经历一场全新的工业革命，可以预见，未来谁变革得快，掌握了工业制造标准，谁将占据产业链的高端，墨守成规只会被滚滚的历史车轮所淘汰。"工业 4.0"时代的到来对产业、人才、教育都提出了新要求，职业教育要适应形势和要求的变化，从培养目标、办学理念、办学模式等方面进行全面的改革。二是融合。融合是"工业 4.0"对职业教育提出的重要发展方向。推进工业化和信息化融合是"工业 4.0"的基础。目前，龙岗区正由工业化向信息化、智能化发展，各种高端要素和智能要素不断集聚。这就要求职业教育培养一批适应"工业 4.0"时代需要的懂网络、会沟通、有创意，具有超强的信息、数据分析、处理能力的综合素养人才。三是创新。创新是"工业 4.0"对职业教育提出的核心要求。"工业 4.0"的核心是创新。职业教育服务于市场、产业和企业，必须相应地进行创新、注重创新，把创新精神和创新能力培养作为重点，致力于培养创新型职业技术人才。

"工业 4.0"时代，对于我们来说都是新事物，今天我们聚在一起畅谈、一起争鸣，期待在座各位的精彩发言，更期待论坛结束后，中德双方在职业教育方面进行全面的交流和合作。

（本文修订自 2015 年 5 月"中德职业教育国际论坛"上的发言）

区域教育发展的改革创新与实践

——以深圳市龙岗区为例

近年,龙岗教育坚持创新引领,高端集聚,迅速实现了从传统向现代、从后发到前沿的全新转型,一跃成为深圳市教育规模最大、教育体系最完备的行政区。同时,人们对优质教育的选择越来越多样,经济结构调整和转型升级对教育配套的需求也越来越高,基础教育发展面临的老问题与新挑战相互叠加,"有学上""上好学"的问题并存,教育改革的艰难性与复杂性前所未有。面对难题,龙岗教育抢抓"东进"机遇,克难奋进、主动作为,始终坚持改革创新,以改革作为驱动区域教育发展的核心竞争力,全面推进区域教育高位均衡、全面优质发展。

一、区域教育改革的现状分析

(一)主要成就

作为深圳市原关外后发地区,龙岗区起点低、底子薄、基础弱,加之城市功能定位的提升,大量原关内人口外溢,落户龙岗,外来人口井喷式涌入,城市公共服务压力前所未有。教育作为民生之首,龙岗区始终坚持问题导向、需求导向,始终坚持改革创新,在一些重要领域、关键环节取得了重大突破。

一是实施积分入学机制改革。2012年开始在全市率先实行学区积分入学制,率先推行学位房制度,从制度层面保障入学机会的公平;试行小一公办民办学校同步招生政策,确保符合条件的申请人全部有书读;建立公办学位预警机制,按照"红黄蓝"三类区域划分,创建全区学位预警电子地图;建立和完善学区地图,实现学区划分的便民化和信息化。

二是学校建设投融资改革。首先,在企业全额捐建方面,近5年,龙岗区有6所社会资本全额捐建的公办学校开学,节约财政资金近4亿元。其次,在城市更新项目方面,企业与政府按6∶4的比例出资建校,如已完成建设的科技城外国语学校、深大师院附属坂田学校,以及正在推进中的乐城小学、大运学校等。三是在奖教奖学方面,龙岗区李贤义教育基金会捐资3800万,万科教育发展基金会捐资4000万,佳兆业为深大坂田学校捐资500万。此外,积极探索PPP等投融资模式(如布吉老街初中),投融资体系不断多元化、长效化。

三是政府资助学校试点改革。政府资助学校是龙岗区在充分学习借鉴欧美和我国香港等国家和地区先进办学模式、成功经验基础上探索建立的新型公办学校。2015年9月,首批两所试点学校正式开学,标志着以"社会资本捐资建校、知名教育品牌承办、去行政化教师管理、理事会领导下校长负责制、第三方教育评价"为主要特征的创新型公立学校由顶层设计步入办学实践,并获评"深圳市十大最受欢迎教育实事"。

四是推进现代学校制度建设。公办民办学校100%落实"一校一章程",把龙岗区《加强学校章程建设,推进依法治校工作方案》作为范本在全省推广;为各教办、街道学校配备专业法律顾问;24所学校被评为市级以上依法治校示范校,7所公办学校是深圳现代学校制度示范校;承担省教育厅依法治区指标体系编制任务,研制出了《广东省依法治校示范区评估方案》。

五是创新教育质量健康监测机制。协同第三方专业机构开展中小学生体质健康测试,制定发布体质健康测试报告;构建龙岗PISA体系;编制《龙岗区教育质量测评体系建设与实施工作设想》,推进区域教育质量监测体系建设工作顺利进行;完善《龙岗区小学学业质量监测、评价与报告实施方案》,实行小学学业质量等级评价制。

六是创建广东省责任督学挂牌督导创新区。构建"责任督学管理办公室—街道责任督学工作站—督导责任区"三级管理架构；在机构设置、督导内容、督导方式、制度建设、队伍建设、信息化建设和结果运用等方面进行大胆创新，构建了具有龙岗特色的责任督学挂牌督导工作模式，成功创建广东省中小学校责任督学挂牌督导创新区。

七是促进公办民办教育协同优质发展。全市率先安排1亿元财政性民办专项发展资金，公办民办学校实现"四个一视同仁"（质量监测、安全管理、教师培训、特色发展）；民办学校100%达到广东省义务教育标准化学校要求；制定《促进民办教育优质发展的若干意见》《龙岗区民办学校质量提升三年行动计划》等系列文件。

八是全面实施"三名工程"。坚持开放发展理念，强化品牌名校引进，华中师范大学、华南师范大学、深圳大学师范学院、深圳中学、深圳外国语学校等省内外知名学校落户龙岗；出台《龙岗区关于进一步加强教育人才队伍建设的若干措施》，推出最高250万元奖励的龙岗区高端教育人才引进计划，面向全国一次性引进18名特级教师。

九是推进智慧校园工程。在"互联网+"背景下，龙岗区将"数字教育"纳入"智慧城市"项目先行推进，以教育信息化引领教育现代化。与华为合作建设数字教育项目，打造包含各种数字教育应用的综合性服务平台。项目一二期投资总额达1.6亿元，覆盖29所学校的1.53万名学生；当前，正推进三期项目，投资金额1.8亿元，预计新增学校25所、学生3.58万。国内国际影响不断扩大，国内外同行一万余人次前来参观交流，其中有20余次国外教育部长级官员前往龙岗区参观考察。

十是导入CAF卓越绩效管理模式。依托一个核心（领导力）、三大板块（战略规划、员工、伙伴关系与资源）、一条主线（流程）、四个结果（公民/顾客结果、员工结果、社会结果、关键绩效结果），全面提升组织工作效能。局机关率先导入CAF（Common共同、Assessment评估、Framework框架）模式，健全机关组织文化体系，优化审批流程、压缩审批时限，成为全市首家导入CAF模式的区级教育行政部门，获龙岗区"第二届区长公共服务质量奖"。学校开展卓越绩效模式试点改革，18所学校为全市卓越绩效模式试点学校，5所学校申报卓越绩效管理试点研究项目，深圳中学龙岗初级中学创建深圳市卓越绩效管理试点基地学校，获"第三届区长公共服务质量奖"。

十一是创客教育成为课改新名片。重点围绕校本课程开发、课程体系建立、教与学方式创新，全面构建起具有龙岗特色的学校课程体系，实现学生个性、教师专业、学校特色的全面发展。作为课改典型，龙岗区创客教育已成为课改新名片，平安里学校全国率先启动创客实践室，全区挂牌学校17所；20余万名学生参加校园科技节活动；全区小院士36名，发明专利210项；举办全国中小学生创客教育院士论坛，吸引北京、浙江、重庆、湖南等地高校与省内高校300多名代表和本区3000多师生参加；69个科技社团获市优秀科技社团创建资格；193个学生探究性小课题立项市优秀课题；清林小学徐竟桓同学的悬浮冲浪纸飞机破世界纪录。

（二）存在的问题

龙岗教育虽然抓住了机遇，实现了新的跨越，但是，龙岗区背负的历史欠账依然很重，快速发展带来的问题也越来越多，国际化现代化创新型城市的新定位、人民群众的新期盼对龙岗教育提出了新的更高的要求和挑战。

一是不能完全适应市区两级战略提出的新要求。深圳市第六次党代会提出了"二区三市"的奋斗目标，新一届区委区政府主动承担起城市重心东移的重大使命，着力打造深圳东部创新中心。新形势、新任务倒逼我们必须尽快提升工作能力和水平，必须建设一支坚强有力的党员干部队伍。

二是不能完全满足人民群众对优质教育日益增长的需求。从历史上看，龙岗区属教育后发地区，在快速发展的同时，仍然面临着起点低、底子薄、历史遗留项多的问题。第一，公办学校不足问题。人口规模不断扩大，"钟摆人群"大量存在，新增大量楼盘，区公办学位缺口仍在逐年加大。第二，民办教育质量提升问题。绝大多数民办学校硬件设施条件较差，办学水平参差不齐，教育教学质量整体水平仍需提高。第三，高端人群的国际教育需求问题。随着国际大学园的建设，产业转型升级以及高端企业的落户等，急需配置新的国际教育服务体系。

二、区域教育改革的思路与对策

（一）区域教育改革的契机与思路

改革创新是深圳有别于其他发达城市最鲜明的特质，是龙岗教育持续发展的竞争力所在。面对难题，龙岗教育将抢抓"东进"机遇，迎难而上，坚定不移推进教育供给侧改革。作为深圳市教育大区，龙岗教育有责任、有义务、有条件主动承担起基础教育改革的重任。龙岗教育已经步入谋求新的大发展、大突破的战略机遇期。未来几年龙岗教育发展的基本思路是：紧抓龙岗教育发展"四大机遇"，全面构建具有龙岗特色的"一二三四"现代教育发展体系，率先实现教育现代化。

四大机遇。一是"十三五"全面建成小康社会的战略期。2020年全面建成小康社会，是"两个一百年"奋斗目标的第一个百年奋斗目标。"十三五"时期是全面建成小康社会的决胜阶段，同时明确了以提高质量为核心的教育发展观。二是深圳特区发展三十五周年"新起点、再出发"的关键期。市第六届党代会提出努力建成"两区三市"的主要目标，确定全面建设"国际化现代化创新型城市"的战略任务。三是龙岗区打造深圳东部中心的机遇期。将龙岗区建设成以创新创业为主要特质、具有鲜明国际化特色的"深圳东部中心"，将龙岗区打造为东进战略核心区、自主创新先行区、产城融合示范区、低碳发展引领区。四是深圳国际大学园强势崛起的加速期。深圳国际大学园落户龙岗，继深圳信息学院、港中大（深圳）正式开办后，北理莫斯科、吉大昆士兰等知名高校相继落户，片区高校规模持续扩大，高端人才加速集聚。

龙岗特色的"一二三四"现代教育发展体系。一是围绕一个中心目标：办好人民满意的教育。人民满意的教育在不同时期、不同阶段有着不同的表现，是一种持续发展、不断进步的教育发展观的体现；办好人民满意的教育是"十八大"以人为本核心思想的重要体现，为未来我国教育事业的改革发展指明了方向。二是坚持两个发展理念：高位均衡发展、全面优质发展。"高位均衡""全面优质"的教育发展理念相辅相成、互相促进，是龙岗教育在前期大发展、大跨越基础上迈进教育发展新阶段的必然趋势，是新阶段实现办好人民满意教育的重要体现。三是构筑三大战略支撑，打造深圳教育三大新高地。第一，打造教育改革新高地。继续先行先试，力争在现代学校治理体系和公办民办协同优质发展等一些关键环节中取得重大进展。第二，打造教育国际化新高地。深圳国际大学园已基本成型，要主动适应"腾笼换凤凰"的总体战略，全面推进基础教育国际化。第三，打造教育质量新高地。教育质量是教育发展的核心，要继续加大高端资源集聚力度，探索优质学校集群化发展，加强课程领导力建设，进一步加快提升龙岗教育质量。四是形成教育四大发展格局，促进龙岗教育形成"普惠、多元、优质、开放"的发展格局。"普惠"强调保基本、公益化；"多元"强调可选择、多样化；"优质"强调树品牌、高端化；"开放"强调引资源、国际化。

教育改革是推进教育发展的重大契机，也是教育攻坚克难的重要手段。要抢抓机遇，全面梳理当前教育发展所面临的体制机制问题，把牵一发而动全身的关键领域、关键环节找出来，实事求是研究解决问题的办法。核心是立足基础教育办学体制机制改革，以体制机制创新推动龙岗教育的质量与国际化水平。所以，教育改革是"十三五"期间的重大工程，我们要瞄准问题，精心布局，制定契合城市定位、龙岗实际、教育规律的重点改革内容。

（二）区域教育改革的主要路径

2015年底，《深圳市深化教育领域综合改革方案》获教育部批准备案实施，随后市教育局批复同意龙岗区创建"深圳市基础教育办学体制改革试验区"，进一步为龙岗区基础教育改革创新明确了方向、坚定了信心。根据深圳市教育局对龙岗区教育局创建基础教育办学体制改革试验区批复的有关精神，通过创新办学体制机制的主轴，双轮驱动教育质量与国际化水平的提升，推进教育高位均衡、全面优质发展，打造深圳教育新高地。龙岗区将重点布局并推进以下四个方面的改革：

1. 加大政府资助学校试点改革力度

政府资助学校是龙岗教育改革创新的名片，具有建设新、承办新、管理新、评价新等鲜明特质。2016年,龙岗区将进一步厘清教育主管部门与学校、与教育发展基金会之间的权责,进一步研究实现教育"管办评分离"的科学路径,全面探索可复制、可推广的成功经验。

一是积极推进第二批试点学校筹备工作,确保华南师范大学附属龙岗大运学校、乐城小学正式开学。成立两所学校的办学理事会,做好两所学校的基建、校长教师团队组建等各项工作,确保两所学校于2016年9月正式开学。

二是通过具体学校试点,进一步发现问题,形成系统解决方案。继续坚持问题与需求导向,积极争取市教育局、区属各部门的进一步支持,形成改革合力,积极发现和系统解决具体试点中出现的问题。

三是在政府资助学校具体试点中总结可复制、可推广成功经验。深入开展理事会领导的校长负责制、去行政化的教师管理、基础教育课程改革等实验,完善总结政府资助学校试点改革相关经验,为基础教育办学体制改革积累成功经验。

2. 强力推进民办教育综合试点改革

龙岗区是深圳市民办教育大区,民办教育占据全区基础教育的半壁江山,在学位基本保障、需求多样化选择等方面发挥重要作用。龙岗区立足问题导向、需求导向,深入研究破解民办教育发展的瓶颈性、前置性、制约性难题,推进实施民办教育三年行动计划,全面实现市级顶层设计与区级实践探索的有机结合。2016年,龙岗区将在"四个一视同仁"的基础上,再注入3.8亿资金,实现民办教育办学条件、教师队伍、办学管理、质量监测评估等方面的突破发展,重点围绕民办教育投融资体制、办学体制机制、"三名工程"、差异化扶持、特色化与国际化发展等方面推进改革创新。

一是民办教育投融资体制改革。开放教育投资,吸引社会力量和民间资本进入教育领域,为民办学校搭建投融资平台,拓宽民办学校投融资渠道,支持民办学校争强创优,每年预拿出5000万为民办学校提供贴息贷款,扶持民办教育。

二是民办教育办学体制改革。支持各类办学主体通过独资、合资、合作等多种方式参与办学；积极探索民办教育新优质学校集群发展办学管理体制改革；有计划有步骤推进政府资助学校试点。

三是实施民办教育"三名工程"。鼓励"民校引进名校、名校长、名教师办名校"，实施优质教育品牌兼并重组；启动民办学校名师名校长提升计划，建立"名师名校长"奖励机制，发挥名师名校长的示范引领和"孵化"辐射作用。

四是实施差别化扶持政策。在公办学校学位不足、入学矛盾突出的片区，按照民办学校吸纳符合入读公办学校的学生数的多少，由政府差别化地给予民办学校奖励补贴，并在设备改善、项目安排、师资建设等方面给予分类扶持。

五是民办教育特色化与国际化发展。培育创建特色学校，建立教育特色联盟，绘制龙岗特色教育地图；扶持办学实力强的民办学校，提升品牌价值。同时，充分发挥民办教育体制机制灵活的优势，探索深化民办教育国际化发展。

（三）全力推进优质学校集群化发展改革

当前，在深圳市创新型国际化现代化城市战略新定位下，龙岗教育也面临着"人人有学上"到"人人上好学"的现实挑战。结合龙岗区实际、借鉴先进经验，我们认为，优质学校集群化发展是促进教育高位均衡、全面优质发展的重要抓手，并将其纳入龙岗2016年重点改革项目加以推进。

目前，已经初步明确了龙岗优质学校集群化发展的基本思路，即坚持"十字方针"（强基、提质、普惠、多元、开放），确保"四大并重"（"优质+优质"与"优质+发展"并重、"本土培育"与"品牌引进"并重、"公办为主"与"民办协同"并重、"均衡发展"与"高端优质"并重），实现"五个统一"（办学理念统一、培养目标统一、课程设置统一、师资调配统一、对口升学统一），重点破解队伍建设、师资共享、课程建设等前置性瓶颈难题，搭建起"众"字结构的各类优质学校集群，构建具有龙岗特色的新优质学校集群发展模式。具体从三个方面展开试点改革：一是探索以龙城高中为试点的集团化、联盟化办学，初步构建覆盖基础教育各学段的优质学校集群；二是在公办民办学校"结对帮扶"的基础上，试点推进公办民办学校联盟化办学；三是构建课改、艺术、科技、德育、体育及校园文化等各类主题特色学校联盟。

（四）完善教育管理与评价体系改革

一是依法治校，深入推进学校章程实施。规程建立：探索建立与学校依法治校、依章程办学相适应的教育行政管理新机制，研究龙岗新版《学校管理与服务规程》，进一步厘清政府、学校和社会三者的权责边界。考核评价：建立健全学校权利救济、纠纷解决机制和学校章程实施的考核评价机制。落实督查：建立章程实施监督指导与问责制，创建依法治校示范校，提升全区依法治校、依章程办学整体水平。

二是常态管理，健全责任督学挂牌督导新模式。活力激发：激发责任督学工作站和督导责任区的主动性和创造性，释放三级管理架构活力。专业提升：深化研究教育热点、重点、难点问题，增强工作的针对性与实效性，促进督学专业水平的全面提升。结果运用：增强责任督学挂牌督导的评价与导向功能，努力创建全国责任督学挂牌督导创新区。

三是强化评价，完善龙岗区域教育质量监测体系。强化教育质量宏观管理，深化教育管理与评价改革，初步形成督导部门归口管理、专业机构提供服务、社会组织多方参与的教育质量评估监测体系，重点开展龙岗PISA测试工作。内容确立：主要围绕中小学生阅读、数学、科学等学习素养展开研究，全方位发掘学生潜力，帮助学生认识自我、建立自信，切实关注学生的全面健康发展。推进方式：采取样本抽检的基本方式，不进行学校及学生个体评价与排名，重点关注区域群体教育整体质量。效能发挥：结合龙岗实际，借鉴先进地区与国家经验，依托龙岗PISA，实现义务教育阶段教育评价的连续性、全面性和综合性。

（本文修订自2016年教育部陈舜部长助理在深圳市调研《深圳市教育综合改革实施方案》时的发言）

深圳市龙岗区政府资助学校改革的实践与探索

一、改革的现实背景：针对现状，顺势而为

自有学校以来，我国就一直存在公学和私学。新中国成立后的很长一段时间，基于特定的历史时期和背景，私学逐步消失，官办教育一统天下。这一时期教育体制的主要特征"表现为高度的统一和集中。在办学体制上学校一律由政府拨款，国家公办；在管理体制上，实行中央统一集中领导，地方也管理教育，主要是执行中央的指令，管理的职责非常有限。教育行政部门对学校实行直接指挥和管理；在教育制度和教育结构上高度集中统一化，按照计划经济、条块分割来培养各级各类人才和劳动力"[①]。改革开放以后，特别是1992年全面确立社会主义市场经济以来，民办教育逐步复苏，不少公办学校甚至转制为民办学校，民办教育迎来了蓬勃发展的黄金时期。

公办民办学校两架马车并驾齐驱，满足了社会各层次人员对不同类型教育的需求，同时也极大地促进了我国教育事业的大发展、大繁荣。然而，在这一过程中，公办民办教育自身所存在的弊端和缺陷也日益明显，对我国教育的负面影响也逐渐暴露出来。长期以来，公办学校的管理被抹上了浓重的行政色彩。政府既扮演了学校举办者、行政管理者的角色，同时又是实际的办学者，更是教育的评价者。这种政校不分的现状严重束缚了学校的办学活

---

① 储朝晖. 中国教育六十年纪事与启思·下册[M]. 太原：山西教育出版社，2013:592.

力；用人机制不灵活，学校没有用人主动权，无法按自己的意愿选聘需要的人才；人事管理制度滞后，职称评价机制成为束缚教师"手脚"的绳索；课程设置不自由，学校经费使用受限……公办学校始终戴着各种"镣铐"跳舞。而民办学校由个人或企业投资兴办，以营利为目的，生均标准与公办学校有较大差距，经费投入虽灵活却不稳定，办学软件、硬件资源投入有限，教育教学质量无法得到有效保障。

基于这一现状，我国教育的发展急需寻求破题之道。2010年《国家中长期教育改革和发展规划纲要（2010—2020年）》吹响了新时期教育改革的号角，纲要提出深化办学体制改革，要求坚持教育公益性的原则，健全政府主导、社会参与、办学主体多元、办学形式多样、充满生机活力的办学体制，形成以政府办学为主体、全社会积极参与、公办教育和民办教育共同发展的格局。同时还提出了"政校分开、管办分离"、建设现代学校制度、落实和扩大学校办学自主权的改革思路。2013年《中共中央关于全面深化改革若干重大问题的决定》明确指出："健全政府补贴、政府购买服务、助学贷款、基金奖励、捐资激励等制度，鼓励社会力量兴办教育"，"深入推进管办评分离，扩大省级政府教育统筹权和学校办学自主权……"要求处理好政府、学校、社会之间的关系，建成政府适度管教育、学校规范办教育、社会科学评价教育的和谐健康发展新环境。至此，在新的历史发展阶段，党和国家对我国教育的发展及未来的改革方向提出了明确的要求和清晰的实施路径。

龙岗于1993年建区，隶属广东省深圳市，位于珠三角东部大鹏湾畔，毗邻惠州、东莞，辖区总面积388.59平方公里，是深圳市面积最大的一个行政区。距香港30公里，距广州150公里，处于深莞惠城市带几何中心。下辖11个街道111个社区；2015年年末，全区常住人口205.24万人，户籍人口47.72万人，非户籍人口157.52万人。人口密度大，人口结构严重倒挂，学位供应压力大。尤其是2010年以后，随着龙岗区产业升级以及原特区内移居龙岗的居民日益增多，学位需求、尤其是老百姓对优质公办学位的需求迅速膨胀。为满足这一需要，龙岗区通过持续的巨额财政投入，在不断新建学校的同时,加大推进实施校园改扩建工程,是全市义务教育阶段学位增量供应最多的行政区。发展至今,龙岗区已经成为深圳市教育规模最大的行政区,办学单位达613家,师生人数超过45万。龙岗区小学、普通中学数量均居全市各区首位。尽管如此,区内学位供需缺口仍然较大。

为破解当前存在的教育体制弊端,缓解学位供需紧张的困境,近年龙岗区在基础教育领域从建校体制、办学体制乃至评价机制等多维度进行了全方位的改革和探索。在此基础上,结合国家"管办评分离"的教育改革方针,引起全国广泛关注的龙岗政府资助学校改革便应运而生。

二、改革的顶层设计:民建公有,品牌办学

(一)借鉴欧美和我国香港地区办学模式与经验,形成具有龙岗特色的政府资助学校改革思路

美国特许学校(Charter School)是特许状或合同制下以绩效责任制为基础的公立学校,政府按学生人数拨款,由非政府机构或个人管理。特许学校的举办者与教育行政部门签订协议,明确双方的权利、义务和责任,由举办者按照章程办学,自主管理学校。授权期满接受教育部门的评估和检查,以确定是否继续签约。特许学校在聘用教师、经费使用、课程设置、校历安排等方面有很高的自主权,不像公立学校那样受行政部门的管制。这对有教育理想的校长、教师有很大的吸引力。它形成了与常规公立学校不同的教育品质、特色、风气,受到家长和学生欢迎。

英国自由学校是由国家资助,为了改善当地教育、满足人们对优质教育资源的需求而开设的学校。自由学校由中央政府提供财政支持(一般学校则由地方财政支持),其经费投入标准与同一区域内的公立学校相当。与一般的学校相比,自由学校的"自由"之处主要表现为:一是可以自行决定员工的薪酬,二是不用采纳国家课程,三是对自身的预算有更大的自主权,四是有改变学期长度和在校时长的自主权,五是不受地方当局控制。因此,这样的自由设置使得自由学校拥有了更多的自主权决定自身的办学目标及计划,

有利于教育创新、提高教育质量和办学水平。但自由学校在拥有自主权的同时仍需接受英国教育部门的督察及参加全英各项统一考试。

香港特别行政区政府资助学校由办学团体（通常为宗教或慈善团体）向香港特别行政区政府申办，学校的管理则由办学团体委派校董会负责。为引入良性竞争，激发办学活力，促使不同类别的学校互相促进，提升教育质量，为香港地区的学生和家长提供更加多元化的教育选择，香港于1991年9月起推行直接资助计划（直资计划），设立直接资助学校。直资学校保留了私立学校较高的自主权，可自定课程、收费标准及入学要求等。特别是，直资学校可以收取学费，同时还能得到香港特别行政区政府提供的符合资格条件（香港居民身份）的学生的经费资助。

无论是特许学校、自由学校还是直资学校，都有着共同的特点，一方面办学经费主要来自于稳定、可靠的公共资金，另一方面学校又有着高度的办学自主权，用人自主、用钱自主、课程自主等。这种办学模式为破解我国当前存在的公办民办教育困境提供了借鉴。由于体制、机制和社会环境的不同，这种借鉴必须要经过一个本土化的过程。在充分学习借鉴欧美和我国香港等国家和地区成功办学经验和先进办学模式的基础上，经过广泛深入的调研，龙岗区形成政府资助学校改革的思路与方案，对政府资助学校改革作了详细的设计和规划。

（二）龙岗区政府资助学校的内涵与外延

龙岗区政府资助学校是指由政府提供教育用地，引入社会资本出资建设，政府拥有学校所有权，按照公办学校标准资助教育经费，由知名教育品牌承办的义务教育创新型公立学校。

在办学体制上，学校由社会资本出资建设，政府拥有所有权，知名品牌承办，政府对符合公办学校入学条件的学生实施全额资助；在管理模式上，政府资助学校实行现代学校制度和理事会领导下的校长负责制，搭建政府资助学校组织管理架构，理清教育局、基金会（教育品牌）、理事会、校长四方的权责清单，凝聚共识，促进学校更快更好发展，制定政府资助学校组织办学校入学条件的学生享有免费、优质的义务教育；另一方面，深圳市万科房地产有限公司和深圳市颐安投资集团有限公司投资高标准建设4所学校，其中万科地产大约投入1.6亿全额建设天誉实验学校、麓城外国语小学，并每年分别为2所学校无偿提供资金200万，用于2所学校引进全国知名校长、组建优秀管理教师团队、增配高标准设施设备、构建优质特色课程，促进高质量品牌办学。通过政府和基金会强强联合，既能满足老百姓对优质品牌教育的强烈需求，又能契合万科"做城市配套服务商"的发展战略和激发万科捐资办教育的社会责任，实现了政府与企业的双赢。华南师大附属龙岗大运学校和乐城小学既是政府资助学校试点改革项目，也是区委区政府"引进名校办名校"重点项目，承担着"双重"的改革任务。颐安地产与政府以6:4的比例大约投入1.8亿建设大运学校和乐城小学，并全额承担华南师大品牌引进费，每年还无偿为2所学校分别提供资金150万，用于2所学校优质、品牌、特色发展及其他协议规定的奖励。

（二）打响"自主办学"品牌

学校成立了由区教育局、承办方（万科教育发展基金会/华南师范大学）委派理事，与第三方独立理事共同组成的办学理事会，实行理事会领导下的校长负责制。龙岗区教育局作为政府资助学校的行政主管部门，充分放权，宏观管理，主要对学校相应业务进行指导、监督与服务。理事会是学校最高决策机构，决定校长人选和学校的重大事项。校长对理事会负责，全面落实学校教育教学和日常运转。

1. 用人自主

区教育局、万科教育发展基金会（华南师范大学）、广东省现代教育研究院（深圳市颐安投资集团有限公司）派员组成办学理事会，全权负责校长的招聘。如天誉实验学校、麓城外国语小学校长的招聘，从通过《中国教育报》、智联招聘网等全媒体向全国发布校长招聘公告，到100多位校长简历的汇总筛选再到省市专家面试评审最终确定人选，理事会用了不到1个月的时间，高效率、高质量地完成了全国知名校长的招聘，其办学的主体性和创管理架构及权责清单，实施新型教师人事制度和严格的财务管理制度；在运行原则上，按照"所有权与承办权分离"的原则，依据相关法律法规，政府对资助学校进行监督、指导、检查、评估等监管；在品牌办学上，政府资助学校引进知名教育品牌办学，开发设置灵活自主、促进学生多元发展的课程体系。品牌引进相关费用由建设方或运营方承担；在资助模式上，政府按龙岗区公办学校上一年度生均培养成本（根据上一年度教育经费统计而得，主要包括人员经费、公用经费及项目经费），对学区内实际入学的、符合深圳市义务教育公办学校入学条件的学生予以资助；在考核评估上，区教育局对政府资助学校实行年度考核，考核内容包括学校管理、教育教学质量、学生发展水平和教师专业水平等。区教育局委托第三方机构对政府资助学校实行五年一次办学水平评估，政府依据办学水平评估结论，对政府资助学校实行表彰、奖励或批评、惩处。

三、改革的有效实施：专家治校，自主管理

2015年以来，龙岗区教育局启动万科教育发展基金会承办的龙岗区麓城外国语小学、龙岗区天誉实验学校，华南师范大学承办的华南师范大学附属龙岗乐城小学、附属龙岗大运学校4个项目的试点改革。其中，麓城外国语小学、天誉实验学校于2015年9月开学，华南师范大学附属龙岗乐城小学和大运学校于2016年9月开学。4所政府资助学校从启动、开办到运转，离不开政府部门的高度重视、企业资源的灵活运作和学校理事会领导下校长负责制的高效管理。

（一）社会资本催生政府资助学校

社会资本捐资建校，建成后学校产权及办学形成的全部资产归政府所有。政府提供公办标准化保障，企业增添个性化高端配备，创建政府与企业共赢的教育平台：一方面，政府为资助学校提供与现有公办学校同等的注册、用地、财政拨款、产权、招生、课程、升学等方面的待遇，确保符合公

现实"等技术对优秀学生书画及手工作品进行展出,这种新奇的形式让学生们更乐于展示自己的作品;提高学生科学素养的"vava实验室"课程——利用现代多媒体信息技术将自然学科的学习内容立体化、全方位地呈现给学生,激发学生探究科学的兴趣,进而提高科学素养;激发学生阅读兴趣的"彩云阅读"课程——自主借阅的一体化便捷手段,同时将借阅数据的统计,阅读新书的推荐,优秀读后感的分享经彩云阅读平台推送给学生。

（2）麓城外国语小学特色课程。英语教学实行小班化学习,聘请经验丰富且有国际化教学经历的外籍教师,使用本土英语教材和境外英语教材相结合的方式进行教学,开展丰富多彩的口语交际活动。包括:在课时安排上,每周开设6+2英语课时（6节国内英语老师的常规课堂教学+2节外籍教师的口语交际教学）,使学生在英语学习的启蒙阶段可学到地道的语言和标准的语音语调。在教材选择上,国内主教材与引进拓展教材相结合,使学生在初学时就能接触较为合理的语言,既能弥补国内教材的不足,又可以拓宽学生的视野。同时,还开设形体、阅读、国际象棋、科技类等课程,探索学科跨界化教学,使语文、英语、艺术和美术等学科相互渗透、有机融合、和谐发展,提高学生的综合素质。

（3）华南师范大学附属龙岗乐城小学"缤纷课程"。学校的培养目标是"培养有良好习惯和较高核心素养的现代公民",办学理念是"为每位师生的缤纷生活而教育"（缤纷教育）。"缤纷教育"具体内涵为:各美其美,美人之美,美美与共,和而不同。"缤纷教育"的办学理念主要通过"缤纷课程"的建设来承载。"缤纷课程"主要有教师发展课程、家长发展课程和学生成长课程组成,其中,教师发展课程主要分为"理论提升课程""学科素养提升课程"和"强心健体课程"三个方面,围绕"教""研""训""读""写""讲""赛""评"八个字来建设;家长发展课程主要从家委会开展活动、家长会邀请名师培训、家长给学生开课程、评选乐城小学好家庭四个方面着手建设;学生成长课程主要从"国家课程校本化""校本课程""生本课程"三个层面来建构,培养全面而有个性的学生。

造性得到了充分的保障和发挥。4所学校管理层的搭建和基本梯队的组建以及教师招聘，学校有充分的话语权和决定权。学校对所有的教师实行全员聘任制和市场化管理，学校制定完善的公平公正的教师考评体系，建立激励性薪酬制度，用人灵活自主。

2. 用钱自主

由于政府资助学校属于二类事业单位，不设单独的零余额账户，为打通财政资金的划拨渠道，我们设置了政府资助学校虚拟零余额账户（学校基本户），极大地方便了学校资金的申请和报账等事宜，确保了学校正常、顺利、有效运转。学校承办方则设立基金账户，拨付的经费供学校自主支配使用。如天誉实验学校和麓城外国语小学的财政收入由龙岗区政府财政划拨和万科基金会拨款两部分组成，独立设置两个账户（即学校基本户和万科基金账户），分开报账，账账分明。人员费用、日常使用费用与项目费用由学校基本户进行支出，龙岗区政府国库支付中心针对政府资助类学校设置专门服务对接窗口，极大简化和方便了政府资助类学校的财务报账流程；万科教育基金会拨付的经费主要作为政府财政的补充，由万科基金账户进行支出。万科教育基金会拨付经费除支付校长工资外，主要用于学校多元化及个性化发展需求，包括学校的发展建设、教师培训等方面，学校对万科教育基金会拨款的使用具有极大的自主支配权。

3. 课程自主

在课程建构上，政府资助学校在执行国家课程方案、课程标准及省市课程计划，使用经审定的教材和教学辅导书，开齐课程、开足课时的前提下，有灵活的课程设置权。

（1）天誉实验学校"云课程"。学校打破传统"教室"概念，打造随时、随地、随需的课程，开发基本网络技术的"云课程"：注重学生生活能力的"云厨房"课程——云厨房的每个功能区域有媒体视频，学生可根据需要调整学习进程。从了解菜的历史到选材、清洗、切配、烹饪直至成菜，记录了他们每一步的学习情况、学习成果，并给予评价；提升学生艺术能力的"云展馆"课程——这是一个学生课程成果展示区，我们利用"虚拟成像""增强系;"评价新"是指教育行政管理部门引入第三方质量监控评价机构,探索建立"管办评"分离的现代教育治理新体系。

(二)政府资助学校具有充分的办学自主权

政府资助学校学校实行理事会领导下的校长负责制,学校具有充分的办学自主权。实行新型的教师管理制度,教师没有公办学校中"正编"与"临聘"之说,实行市场化管理。学校自主制定教师绩效薪酬方案、考核评价机制,探索"以事定费"的人事制度改革,建立"以岗定薪、按劳取酬、优绩优酬"的激励性薪酬体系,具有灵活的用人自主权。学校独立设置两个账户(虚拟零余额账户和承办方账户),账账分明,很好地解决了政府财政划拨和万科基金会拨款的报账使用与自主支配问题。在开齐国家课程和开足课时的前提下,学校开发了自己设计的课程体系,有灵活的课程设置权。

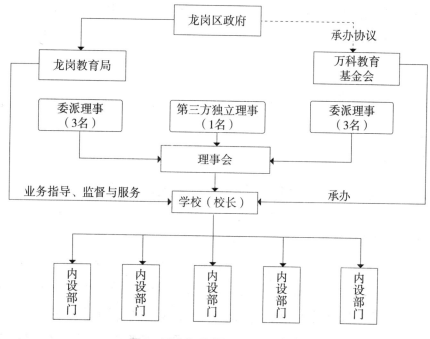

图7 政府资助学校组织管理架构

(三)加强监测与考核,逐步过渡到第三方质量监控评估

首批试点学校办学一年多以来,体制灵活的优势已经在学校发展各个层面逐一显现。学校在硬件设施设备的配置方面,拥有了更大的使用和提升空间。在龙岗区人民政府教育督导室2016年公办义务教育均衡发展监测中,作为新建学校,4所政府资助学校在生均校舍建筑面积、实验室(科学教室)、计算机教室、音乐美术教室、生均教学仪器设备值等11项指标全部达标,监测结果高于区内部分公办学校。学校在选贤与能方面更为灵活,能够按照学校的发展需要选聘人才,打造了一支适合生本发展的师资队伍。在龙岗区教育局教研室组织的2016年学业水平综合质量评价中,政府资助学校的考评结果位居全区义务教育阶段公办学校前列,获评优秀等级,与同时期办学的传统公办学校相比,优势明显。同时,为对改革过程进行阶段性诊断和评估,及时发现问题和解决问题,龙岗区教育局招标第三方咨询企业,与教育局改革项目小组组建课题研究小组,深入学校,把脉改革,形成了《龙岗新型公立学校"管办评分离"实施路径研究》课题研究成果,对政府资助学校的管办评方面的亮点和存在问题进行了深入梳理,提出了许多有效建议,制定了校长考评、承办机构考评和学校运营管理考评机制,为引入第三方评价机构,进一步完善龙岗政府资助学校评价体系,奠定了坚实的基础。

四、改革的品质提升:追求卓越,成效凸显

(一)"四新"彰显政府资助学校办学特色

作为创新型公立学校,比照国内普通公立学校,龙岗政府资助学校的创新和特色主要体现在"建设新、承办新、管理新、评价新"四个方面。"建设新",是指积极吸引社会资本捐资建校,建成后学校产权归政府所有;"承办新"是指学校引进知名教育品牌、知名教育专家来办学,学校起点高、定位高、要求高,能提供更加优质的教育服务;"管理新"是指学校实行理事会领导下的校长负责制,建立新型教师管理制度,探索建立现代学校管理体

"2015年深圳教育改革创新大奖——最受欢迎教育实事",并受邀参加2016年"首都教育论坛";荣获第五届地方教育制度创新"优秀奖"。深圳市兄弟区和北京市、长春市、广州市、东莞市等也派出教育考察团专程到龙岗学习取经。

(本文修订自2016年12月北京"首都教育论坛"上围绕"聚焦中小学办学体制、推进现代学校制度建设"所作的典型发言)

（三）初步建立"管办评"分离的现代教育治理新体系

"管办评"分离的目的是重新构建政府、学校、评估机构及社会之间的相互关系。龙岗区政府资助学校明晰政府、学校、评估机构及社会之间的关系，做到既分立、分工又互动、协同，是探索"管办评"分离办学模式的创举。就"管"而言，龙岗区教育行政部门切实转变职能和简政放权，只对学校进行业务指导、监督与服务。就"办"而言，提倡办学主体多元化，积极吸引社会资本捐资建校。实行理事会领导下的校长负责制，确立学校办学的主体地位和办学自主权。就"评"而言，是将"评"的权力交给社会，引进第三方质量监控评价机构，确保评价的客观、公平、公正，逐步形成由"管理"走向"治理"的教育新格局。

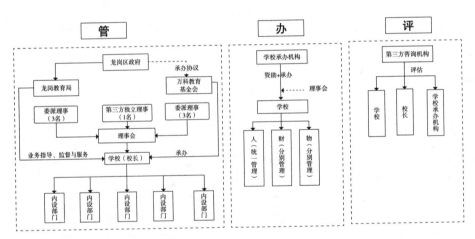

图8　龙岗政府资助学校"管办评"分离实施路径

（四）改革影响受到社会广泛关注

政府资助学校改革在节约建校财政资金、深化教育人事体制改革、探索"管办评"分离实施路径、激发社会办学热情等方面的积极尝试，受到社会的广发关注，影响深远。21世纪教育研究院院长杨东平教授高度肯定，"2016年全国基础教育办学体制改革论坛"对话龙岗，吸引了全国各地的教育界同行与会。政府资助学校改革获评"深圳市质量强市重点项目"与

区域教育治理现代化的龙岗路径

一、区域教育基本情况

龙岗区教育发展大致经历了三个阶段：第一阶段，1993 年建区，当时属深圳原关外地区，起点低、底子薄，区域发展极不均衡，开始了龙岗教育的起步积累阶段。第二阶段，2009 年龙岗教育实现了从"三级办学三级管理"到"一级办学一级管理"的根本转变，特别是抓住世界大运会召开的契机，加速实现了从农村向城市、从传统向现代、从后发到前沿的全新转型。第三阶段，在深圳"东进"的大背景下，龙岗教育迎来了新的重大机遇，在教育改革、教育国际化、教育质量三大方面全面发力，全力打造深圳教育新高地。呈现出三大特征：

一是规模大。现有基础教育办学单位 618 家（公办 105、民办 78、幼儿园 435），在校师生 46.34 万人，基础教育规模已分别占到了深圳市的 1/4。二是体系全。深圳国际大学园落户龙岗后，龙岗将成为全国中外合作大学数量最多、水平最高的区级集聚区。龙岗的孩子可以在家门口享受"从幼儿园到国际高等大学"的全序列教育，集普教、职教、特殊教育各类别教育，龙岗已成为深圳市办学体系最完备、层次最齐全的行政区。三是发展快。龙岗区先后获评深圳市办学体制改革试点试验区、广东省首批教育强区、广东省首批推进教育现代化先进区、全国教育改革先进典型、全国首批义务教育均衡区。

二、落实依法治校，提升教育治理能力与水平

依法治校、以章办学作为推进教育治理体系和治理能力现代化的核心，就是让办学及管理权回归学校、回归校长。坚持"四个到位"，即该管的管到位、该放的放到位、该服务的服务到位、该监督的监督到位，实现政府依法行政、学校依法治校、教师依法施教"三位一体"的区域教育治理体系与发展新格局。

（一）坚持简政放权，教育主管部门依法行政

学校依法治校的前提是教育主管部门依法行政，否则依法治校只会流于形式、流于空话。龙岗区教育局领导班子成员，几乎全部来自一线，都是教师、校长出身，对教育规律、学校管理、校长难处都有着深刻的理解和切身体会。行政干预过多只会揠苗助长，抑制教育发展。近年，我们以梳理明确权责清单为主，以导入CAF（Common 共同、Assessment 评估、Framework 框架）卓越绩效管理模式为辅，实现了机关运行的标准化和行政职权的下放。

（1）"晒"出权力清单，为教育行政职权"松绑"。法定职责必须为、法无授权不可为。2014年，龙岗区率先编制全国第一份完整意义上的党政全覆盖行政权责清单，龙岗区教育局在深圳市教育系统率先编制第一份区级教育行政部门权责清单，梳理权责事项112项，2015年对行政审批事项再次压缩、优化，从原有行政审批事项9项，实现合并3项，转变方式5项，保留2项，精简比例77.8%。通过权责清单的全面梳理，进一步明确了权责的边界，有权必有责、权责相一致、权责受监督，已经成为龙岗教育治理的新常态。

（2）突破机制壁垒，独立设置审批服务科，实现"一站式"审批。公开信息，将办理流程、所需材料、法定时限、承办科室、咨询与投诉电话全部公开。压缩时限，行政许可类事项办理时限比法定要求平均缩短了三分之一，政务服务事项基本实现即来即办。集中审批、行政许可、行政确认，政

务服务事项全部进驻区行政服务大厅，在全区率先实现行政审批服务"两集中、两到位"。

（3）导入CAF卓越绩效管理模式。CAF是欧洲政府公共服务质量管理标准体系。2012年，龙岗区教育局机关成为全国首家导入CAF模式的区级教育行政部门，获"龙岗区第二届区长公共服务质量奖"，是入选深圳质量、深圳标准的重点项目。制定《龙岗区教育局卓越绩效流程管理手册》，通过PDCA质量循环，实行计划、执行、检查、纠正的全流程化管理，健全了机关组织文化体系，实现了机关工作的三大转变，即从被动工作向主动作为转变、从个体管理向系统管理转变、从人为管理向流程管理转变。同时，18所学校成为全市CAF试点学校，深圳中学龙岗初级中学获"第三届区长公共服务质量奖"。

（二）坚持放管结合，促进学校依法治校

教育行政部门与学校权责边界不明晰，学校管理自主性与规范性不足，是实现依法治校的两大难题：一方面，必须创新教育管理方式方法，明晰教育行政部门与学校的权责边界，尽可能地降低人为干扰；另一方面，要充分释放学校自主办学活力，规范日常管理。龙岗区教育局双管齐下、协同推进，通过制定、执行《学校管理与服务规程》，明确教育行政部门与学校的权责边界，激发了学校办学活力；同时全面铺开学校章程建设，规范学校办学行为，大力开展现代学校制度建设，全面实现依法办学、自主管理、民主监督、社会参与的良好氛围。

制定龙岗区学校管理与服务规程。2009年，龙岗区教育局制定发布了《龙岗区公办学校管理规程》，首次对主管部门和学校的权责边界进行划分。在新形势下，随着深圳国际大学园的入驻、幼儿园数量的急剧增加、民办学校审批的放开，旧有的规程已不能完全适应当前需要，急需打造规程的升级版。新版规程聚焦两大转变：主体内容从"单纯管理"向"管理与服务并重"转变；服务对象从仅针对公办学校向全序列全类别转变。一是明晰政府与学校两个层面相互间的责任关系，二是全面界定教育部门应管事项和具体制度,三是研究制定各级各类办学主体的管理与服务规程。

龙岗区新版规程将于 2016 年下半年发布,将涵盖区域内所有学校,具体成果为:《龙岗区公办学校(幼儿园)管理与服务规程》《龙岗区民办学校(幼儿园)管理与服务规程》《龙岗区高等院校服务规程》。

三、全面推进章程建设,建立健全现代学校制度

通常说,一个好校长就是一个好学校,但现在则普遍认为,一个好校长与一部好章程,才能成就一个好学校。龙岗区以学校章程建设为抓手,构建现代学校治理体系。

(一)章程建设的意义

(1)章程建设是推进依法治教、依法治校的必然要求。学校担负着人才培养、社会服务和文化传承的重任,既享有依法自主办学的权利,也承担着规范办学行为、保障学校学生教职工合法权益等责任,是全面推进依法治教的主阵地。同时,章程通过教育行政主管部门的核准,对教育行政主管部门也具有约束力,是处理学校和政府关系的重要依据。

(2)章程建设是建立现代学校制度的必经之路。学校章程是现代学校制度的顶层设计与核心要素,是法的治理模式、法的精神和法律条规在学校的延伸和具体化、个性化。同时,是学校依法自主管理,实现依法治校的必要条件,是传承学校传统文化、体现办学宗旨的重要载体。

(3)章程建设是深化教育改革的内在需要。章程是学校根据法律法规,经过内部起草、民主讨论、协商和审议,并经教育行政部门核准,规范和决定学校办学活动的根本性制度,是学校依法自主办学的总"宪章",具有规范和统领校内管理制度的功能,也是学校接受外部监督、实施自我监督的基本依据,对深化教育改革具有极其重要的作用。

(二)章程建设的主要做法

(1)加强组织领导。制定《龙岗区加强学校章程建设,推进依法治校工

作方案》，成立了龙岗区学校章程建设领导小组，同时设立章程的制定、核准、实施、保障、督查等五个工作小组，系统而全面地开展学校章程建设。

（2）注重培训引领。集聚专业人才，破解章程制定难题。邀请中国教育科学研究院、深圳市教育局、深圳大学的专家，针对学校章程的基础理论和核心条目进行专题培训，破解学校章程制定难题，为学校制定高质量的章程打下基础。

（3）规范制定程序。规定了学校章程制定"五步曲"：建立章程制定领导小组和章程起草小组——形成学校章程草案——广泛征求家长、学生、教师意见——召开教职工大会（代表大会）审议——校长办公会议审定。

（4）健全章程审核机制。第一，启动"三道审核"程序。一是章程审核专业小组专业审核。教育局成立办学宗旨、治理结构、教育教学管理、师生员工管理、校产及财务等5个审核专业小组及1个秘书处，审核专业小组组长由有丰富实践经验和理论水平的人员担任，成员包括各个部门、各个学段、各类学校的专业人员。二是章程核准委员会进行章程综合评议。由教育行政管理人员、学校校长、教师、学生、家长、法律顾问、社区工作人员等各方代表组成。章程核准委员会的主要任务是对学校章程文本的规范性、内容的合法性以及制定过程的民主性等进行综合评议。三是教育局领导班子会议进行章程最后审定。教育局领导班子会议进行最后的审定把关，审定通过的颁发章程核准文书，并向社会公布。第二，分期分批推进，采用先试点再铺开的方式，分期分批开展学校章程审核，达到"解剖麻雀，举一反三"的效果。共分成三批进行：第一批审核市级以上依法治校示范学校的章程；第二批审核原直属学校和各街道中学（含初中、高中、九年一贯学校和十二年一贯制学校）、中心小学的章程；第三批审核各街道原村小改制学校的章程。第三，建立章程审核结果反馈机制，以审代培，采取"2+2"专业审核机制（专业审核小组2轮审核＋起草小组2次修改）和"1+1"综合评议机制（核准委员会进行一次综合评议＋起草小组再次修改）。经过三轮审核、三轮反馈、三轮修改，确保了章程制定的科学性与专业性。

（三）章程建设的成效

龙岗区公办民办学校100%落实"一校一章程"，100%为区级法治学校，有11所省级依法治校示范校、31所市级依法治校示范校。刚刚公布的100所深圳市现代学校制度先进校中，龙岗区有23所，位列深圳市各区首位。区域内学校依法治校、依章程办学的氛围日渐浓厚，打造出了独具区域特色的现代学校制度。同时，龙岗区正受省教育厅委托，研究起草《广东省依法治教示范县（市、区）工作评价标准》，预计本月底完成。

奉法者强则国强、奉法者弱则国弱。人是践行依法治校的核心，是充分发挥法治"正能量"的关键。教育从"管理"走向"治理"，并与"教育现代化"联系起来，是一个崭新的时代命题，不仅是国家治理方略的重大转型，也包含着基础教育思想观念、政策管理、组织结构、制度机制等各个方面的深刻变革。龙岗区将全面落实依法治校、依章办学，坚持本土性、整体性、渐进性和公共性原则，以"法治、公平、公开"为价值基础，从转变政府职能、完善学校内部结构、深入推进教育"管办评"相分离，率先实现教育治理体系与治理能力的现代化。

（本文修订自2016年6月由广东省教育厅组织举办的《广东教育》理事会年会上的典型交流）

创新区域办学水平评估工作新模式

龙岗区是深圳市后发地区，教育底子薄、基础弱，历史欠账比较多。这几年，龙岗区委区政府高度重视教育发展，经过这些年的艰苦奋斗，龙岗教育已经得到快速发展和提升，目前龙岗区有办学单位566家（公办学校98所，民办学校73所，幼儿园395所），师生人数超过40万，已成为深圳市基础教育规模最大的行政区。2011年至2014年，从全市第一所试点学校——清林小学开始，龙岗区已有35所学校接受了办学水平评估。

一、基本认识：办学水平评估成为学校发展的助推器

按照龙岗区委区政府"高端集聚，高端引领，创新驱动，创新发展"与市教育局"争做有使命感的领跑者"的总体方针，龙岗区高举改革创新大旗，全力打造国际国内一流、惠及全民的"教育之区"，其核心是全面提升学校的教育质量。深圳市推出的办学水平评估项目，有力地助推了龙岗教育的发展，给每一所受评学校、给整个龙岗教育带来了实实在在的帮助和支持。

确立"全面动员、全员参与、全程管理"的推进思路，突出实效。办学水平评估是一项系统工作，包括自评自诊、现场评估和后续整改三个环节。自评自诊是基础，现场评估是关键，后续整改是保障，我们对每个环节都认真对待，认真落实，力求取得最大实效。

确立"以评促建、以评促改、以评促发展"的推进策略，着眼发展。评估是引领，办学水平评估指标体系是"办好一所学校"的标准，为学校设置

了最佳的办学标杆。评估是体检，评估报告"让事实说话、让数据说话"，不但能发现学校办学成绩与亮点，而且能找到学校的不足与问题。评估是提升，受评学校通过研究整改工作，上报整改方案，落实整改措施，促进了学校的快速发展。

二、主要做法：形成了"一二三四五"的系统推进机制

龙岗区秉持"基于龙岗实际，落实市里要求"的原则，"抓两头，促中间"，认真抓好自评自诊和后续整改这两头，配合市教育督导室高标准完成现场评估。经过长期实践，探索形成了具有龙岗特色的"一二三四五"系统推进机制。

一个目标，即引导学校形成自评自诊能力。按照办学水平评估"3年自评+1年外评"的模式，指导全区学校做好年度自评和外评工作，最终形成自我评价、自我调整、自主发展的自评自诊能力。

二个结合，即强调区教育督导室评估指导和区教研室专业视导的结合。区教育督导室具体指导学校迎评工作，区教研室重点对学校的课程教学情况进行指导，互相结合，优势互补。

三级联动，指区教育局、街道教育办、学校三级联动。区教育局负责统筹协调，各教育办负责具体指导，各学校负责全面落实，三级联动，建立起了全方位、立体式的推进机制。

四个重点，即办学水平评估紧紧围绕学校的规划章程、课程建设、课堂教学、文化建设等四个重点内容，全面提升学校的核心竞争力。

五个环节，指抓好学校自评自诊、区教育督导部门指导、市评估组现场评估、学校反思整改、市区教育督导部门回访等五个环节，扎扎实实，不允许有一丝一毫的马虎。

"一二三四五"是一个逻辑密、层次清、效率高的系统工作机制。它以一个目标统领全局，提高认识；以两个结合、三级联动为抓手，要求全员参与，凝聚合力；以四个重点、五个环节为重要内容，突出全面落实，全程管理，构建龙岗特色的办学水平评估工作机制。

三、主要特色：建立实施了上下联动的整改推进制度

龙岗区把后续整改作为评估工作的重中之重，抓早、抓细、抓实，真正发挥评估对学校发展的促进作用，上下联动，务求实效。

1. 区级三项制度是保障

（1）督导结果通报制度。对于办学水平评估结果即评估报告，坚持两个及时通报，一是及时向学校通报，二是及时向政府有关部门通报。

（2）限期整改制度。一是充分调动教育办和责任督学两股力量督促、指导学校整改；二是对评估报告反映的需要政府协调解决的问题，及时协调、积极支持，督促学校整改。

（3）整改回访制度。一方面，配合市教育局、市教育督导室做好办学水平评估后续整改的回访；另一方面，对于未被抽检到的学校，将其纳入责任督学挂牌督导检查，保证回访工作不留死角。评估以来，评估组共向龙岗区提出需政府层面解决的问题59个，已解决或有所改善的54个，整改投入达1896万元。

2. 学校层面落实四个坚持

（1）坚持整体推进。把整改工作与学校整体工作、持续发展结合起来，整改过程成为推动学校发展的过程。

（2）坚持问题导向。在整改过程中，始终坚持问题导向，以核心问题的解决带动整改工作。

（3）坚持分步推进。全区学校成立校长任组长的整改推进小组，制定整改方案，按计划、分步骤落实整改。

（4）坚持突出实效。强调执行力，强调整改的跟踪、检查、总结和反馈，通过实实在在的工作实效体现出来。

四、主要成效：全面提升了学校的办学水平

办学水平评估工作启动以来，龙岗区积极、主动参与，全面提升了学校

的办学水平。一是办学条件进一步改善。针对评估组提到的校舍、场室和设备设施等方面的问题，区教育局把整改工作列入局领导班子会议议题，能解决的第一时间解决好，需要上报的请分管区领导直接协调。二是办学理念更加先进。通过迎评前对办学理念的梳理和提炼、评估后对办学思想的总结和完善，全区受评学校基本都形成了比较系统的办学思想体系，办学思路更加清晰，办学目标更加明确，办学理念更加先进。三是规划意识显著增强。通过专家组和学校的共同讨论、研究，全区已评学校对本校的发展规划都进行了修订，学校未来发展蓝图更加清晰。四是学校管理更加科学。通过认真梳理学校现有的管理制度，工作机制不断完善，管理流程不断优化，现代治理能力不断提升。五是学校课程更加丰富。通过评估整改，全区学校课程结构更加合理，课程门类更加丰富，学生有了更多的选择，学生全面发展、个性发展有了更有力的支撑。六是教师结构更加合理。按照评估组的建议，根据学校发展实际和相关政策规定，区教育局不断优化师资配置，推动教师交流，以增量改善存量，已评学校的教师年龄结构、职称结构、骨干教师比例、正临编教师比例等问题都得到了较好解决。七是办学特色更加鲜明。区教育局出台了《关于促进龙岗区学校品牌建设的行动方案》，明确了全区学校特色建设的思路、路径、步骤和要求。在全区办学水平评估的35所义务教育学校中，9所获得深圳市素质教育特色学校创建资格，15所获得龙岗区素质教育特色创建资格，先后两批全市素质教育特色学校评选，龙岗区都取得了全市第一的好成绩。

深圳市第六届党代会明确了深圳新的城市定位，对教育也提出了新的要求和期望。我们应更好地利用市教育局和市教育督导室搭建的办学水平评估平台，全面落实"马上就办、真抓实干、办就办好、滴水穿石"的要求，争做深圳有使命的教育领跑者，推动深圳教育质量和办学水平不断迈向更高台阶！

（本文修订自深圳市基础教育办学水平评估工作大会上的典型发言）

附　录
母亲的回忆

——献给母亲的生日

母亲告别人世已一个多月了。

一个多月以来，母亲的音容笑貌，常伴随着依恋、痛楚和惋惜的心情在我脑海中浮现。我的母亲是中国几千年来普普通通妇女中的一员，她有着一颗慈爱的心，一双勤劳的手，走完了一生艰辛的旅程。

母亲于1919年阴历10月15，生于四川省雅州府一个小职员的家庭。据母亲回忆，她祖籍福建省，大约是清初湖广填四川时迁蜀。外公是税务所的师爷，外祖母是家庭妇女，五个姊妹中母亲是老大，因此，她很小的时候就要帮助外祖母料理家务，照顾弟妹。

民国时期，西南边陲的雅州府生活比较艰苦。听母亲讲，当时每天要等外公把当天挣的银子拿回来，赶快去买一升米才能下锅。可以想象，日子是过得很清苦的。

母亲是个文盲，可她何曾不想读书？每天早晨，看着邻居的小孩儿高高兴兴地背着书包上学堂，而她只能躲在门后默默落泪。有时实在憋不住了，抱着外祖母大哭一场，高喊："我要读书，我要读书……"有什么办法呢？外祖母也只能用泪水去洗净母亲的泪水，最后答应让外公抽时间在家里教母亲认《三字经》《女儿经》之类的书。

艰难的时光，艰难地熬着。母亲18岁了，邻居好心的人不时提醒外祖母，该给母亲提婚事了。

母亲的婚姻是典型的包办婚姻。当外祖母陪着媒人看了一下母亲后，媒人满意得不得了，什么"聪明、能干、贤惠"赞美之词溢于言表，又给我外祖母和母亲介绍未来的父亲韩家大儿子如何老实、朴实。后来，进行了聘礼、定亲、择日等程序后，眼看即将点"大蜡"了，然而，命运安排给我母亲的是"预喜先悲"。外祖母突然染上了霍乱，在一个晚上暴亡，全家痛哭万分。婚礼自然延期，我未来的爷爷和父亲在媒人的带领下，到我母亲家来行孝之礼。自然我母亲和我未来的父亲在行孝礼上是不许见面的。

大蜡，终于点燃了，花炮终于放响了，花轿终于抬起来了。新婚时，母亲的心中充满了喜悦、忧虑、眷恋的矛盾之情。喜悦的是对未来生活的憧憬，忧虑的是不知道马上就要见面的丈夫是个什么样的人，眷恋的是将要离开父亲和可爱的弟妹们以及那两间曾生活了20年的小屋。夜已来临，客人们致贺之后渐渐离去，母亲那个只有六岁的小弟弟，拉着母亲的手说："大姐！大姐！我们回家吧！"看着天真的小弟弟，母亲禁不住热泪盈眶，把一个红包拿给弟弟说："小弟，我今天不能回家了，我以后一定常来看你。"说完，泪如雨下……

这是欣喜的泪！这是忧伤的泪！

婚后的母亲，是一个典型的中国传统的贤妻良母。父亲是农民银行的一个小职员，每月的薪俸并不高，但经母亲精打细算后，总还有些节余。小家庭收拾得干干净净。父亲每天回家后，桌上早已放好几碟美味可口、咸淡相宜的"佳肴"，父亲的心，也忘掉了一天工作的辛劳。

不知什么原因，母亲婚后八年都未有小孩。虽然父亲没有任何怨言，但母亲心中阵阵不安。"不孝有三，无后为大"在中国人传统意识里是根深蒂固的，再加之人言可畏，母亲试了几次，终于鼓足勇气对父亲说："把我忘掉，去娶个小吧！"可是父亲坚决地摇摇头。

上苍有眼，伴随着新中国的诞生，我大姐来到这个世上，几年后我二姐也出生了，到1958年，我也憋不住了，来到了这个热热闹闹的世界。

我们三姐弟来到这个世上,给母亲带来了欢乐和喜悦,但更多的是忧愁和困苦。特别是从1960年到1962年,这是母亲一生最艰难的岁月。

父亲早在前几年,调到远离雅安的芦山县去创办芦山县人民银行。因而全家担子都压在母亲的身上。每天早晨天刚蒙蒙亮,邻居就可以看到韩家的灯亮了,母亲穿着一身自己做的蓝布衣服和黑布鞋,挑着一担大水桶,走大半条街去挑水。路上许多赶路的行人,看见她那瘦弱的身体被一担盛满水的大水桶压着,却迈着稳实的步伐,无不露出惊讶的神态。

挑完水后,她立即生火给我们三姐弟做早饭,给我穿衣服。早饭后,已是八点,母亲又赶忙到一家集体所有制的"零酒店"上班。到晚上回来,已疲惫不堪,又点燃油灯,为我们纳鞋底,做衣服,做裤子,直到公鸡司晨……

一天,有人从芦山县带信来说,父亲因为"每人每月十九斤米,不够吃"一句话,被戴上了一顶"右倾思想"的帽子,工资降两级,且下放芦山县大川公社劳动。母亲听闻如晴天霹雳,泪如泉涌,赶快把两个姐姐托付给别人后,带着我连夜上大川。

那时正是深秋时节,农民们正享受秋收的欢乐,而母亲的心中却充满悲凉。到芦山的路不好走,而大川离芦山县城还有遥遥几十公里,且山路艰险。母亲背着两岁的我,一步一颤,一步一滴汗,步履磨烂,衣襟湿遍。在我朦胧的记忆中,此情此景历历在目。

两岁的我怎能体谅母亲的艰难!走着走着……我突然在母亲的背上大哭起来,叫着"我饿,我饿!"此时,母子的干粮已尽,母亲遥望四周,前不着村后不着店,杳无人烟。母亲无奈,只好把我从背上放下来,用小碗舀了一碗路边的山泉,我贪婪地喝着充饥。可这毕竟是水啊,不一会儿我又大叫起来。

伴着我的哭声和母亲的安抚声,我们继续走。突然,母亲发现前面山岩边有一棵巨大的板栗树,在那苍劲的树枝和绿叶间探头探脑地挤出无数星星点点的棕色板栗。真是天无绝人之路!母亲赶忙从地下捡了一大堆,不顾手被板栗芒刺刺得满手流血,一颗一颗地剥给我吃。迄今,快而立之年的我,仍记得那板栗的味道。

　　脚下的路越走越窄，四周越来越荒凉，天又渐渐黑下来，大川啊，你在哪里？母亲心中不禁焦灼万分，急切想投宿问路，抬头四望，只见山边有一点亮光。黑暗中，母亲跌跌撞撞地走了约半个时辰，才到一家农民家，一问才知，原来我们走错了道。好心的农民就留母亲和我住了一夜。

　　经过千辛万苦到了大川后，母亲的温暖慰藉着父亲心灵的创伤。但几天之后，父亲和母亲在大川接到雅安打来的紧急电话，说我大姐因参加学校的支农劳动，下田收谷子，不幸得了"钩端螺旋病"，已病危住院。父亲向当时的领导请假，答曰："不许！要坚持劳动改造。"母亲只好又背着我日夜兼程返回雅安。

　　经过母亲十几天的悉心照料，大姐渐渐好起来，母亲也渐渐露出笑容。然而"屋漏又遭连夜雨，破船又遇顶着头风"，芦山急电：父亲因患急性盲肠炎在芦山动手术，消毒条件太差，不慎感染，出现溃烂！母亲听完后，泪如雨下……

　　带些什么东西去看父亲呢？家里只有十几斤米，一些糠和烂菜，由于经常向单位请假，工资只得了几块钱。母亲只得将他们结婚时的皮袄和家具拿到当铺典当，才换了几十块钱，可这几十块钱，在那南瓜都要五角钱一斤，鸡蛋一元钱一个的时代又有什么用呢？

　　母亲想尽办法，托熟人好不容易买了十几个红糖做的"高级饼子"，又买了十几个鸡蛋赶到芦山。上苍保佑，父亲的病有了一些好转，想吃些东西了。母亲非常高兴，赶忙给父亲煮东西，可医院不提供火炉之类的东西，母亲只得从周围农民家要了些木炭，用三块砖围一围，用一张纸引燃木炭，然后蹲下身，用嘴把火吹旺，那木炭未完全烧过，冒着浓烟，呛得母亲直掉泪。火终于旺了，听着小锅内水沸腾的声音，母亲心里高兴极了。

　　大姐的病好了，父亲的病也渐渐好了，而全家的负债却增加了。母亲回雅安后，向单位请了长假，一方面是因为"零酒店"的领导嫌母亲经常请假，不高兴，另一方面是因为母亲觉得"零酒店"每月工资才20元左右，每月请保姆带我就要10元钱，家里还有几张饥饿的嘴要吃饭，靠这点可怜声，令人心寒。

可恨的病魔就这样日夜折磨着我的母亲，她越来越消瘦，背越来越驼，像一个弯弓，神志越来越不清，最后连痛苦也麻痹了。终于在1985年9月3日早晨7点15分永远地告别了我们，摆脱了人间的一切痛苦，一切烦恼。

我母亲的一生，是平凡的、痛苦的一生。她没有达官贵人的显赫，也没有文人墨客的宏著，而她那纯朴、善良、勤劳的品德永远激励着我，我会永远地记得她每次在我读高中、上大学、上班离开家门时，向我叮嘱的那句话："不要给人家惹祸！"

1985年10月12日正午于四川雅安

（补记）

在一个夜深人静的晚上，我翻开那本泛黄的手稿，重读《母亲的回忆》这篇文章，心情久久不能平静，思绪万千。一个普通平凡的母亲，艰难的历程，勤劳的一生，记录了那个时代的一角，也留下了家庭和时代的印迹。母亲的一言一行，善良、质朴、吃苦耐劳，对儿女们的无言大爱，沉淀在我生命的血液里，孕育着自然主义中教育的思想与本质。

夜深，人静，妻子也早熟睡，我合上书稿，情不自禁抬头，猛然发现，墙上时钟显示：10月12日。离母亲生日不远，仿佛冥冥之中注定，31年来不可忘却的回忆……

2016年10月12日于深圳龙岗清林径

的"吊命钱"是绝对不够的。母亲只能另辟生存之路。给人洗衣服,挣些钱;带着两个姐姐下大河边,捶石头挣钱;后来又到一家私人开的机面店当劳力。干得尽是重的、笨的、脏的活,而每天所得无几。没有办法,母亲又去给人家当保姆。母亲照顾别人的小孩就像照顾自己的孩子一样,我记得有一个叫军军的孩子,他除了细细的眼睛有点神外,弱得像一根茅草,经母亲带了两年后,长得极好,他的父母对我母亲非常感谢。对面的邻居见我母亲把小孩照顾得这么好,硬要我母亲带他们家的小孩,母亲推托不下,只好同时带两个孩子。

母亲就这样用她的汗水养育着我们,当两个姐姐开始工作,我进小学以后,母亲由于积劳成疾,头昏,手脚发抖,肌肉僵直。经多位医生诊断,在他们含含糊糊的解释中,我们依旧不知母亲患了什么病。最后经雅安一位权威医师诊断说,由于长时间的紧张、操劳、焦虑及忧伤,引起大脑基底神经的变性,胆碱和多巴胺比例失调,患了"帕金森综合征"。多么少见的奇怪的病名!多么可恨的病啊!

渐渐地,母亲走路困难了,但仍惦记着家庭、儿女,争着做家务。我记得读高中时,每天我和二姐把母亲从楼上背到楼下厨房,在她的座位前放一个炉子,旁边放着柴火和煤炭,我们走后,她就把炉子点燃,把饭蒸好,让我们下班或放学回来能吃上香喷喷的饭。而每次吃饭时,她总是争着吃剩饭和剩菜,把好的留给儿女,这就是母亲的心!

厄运笼罩着母亲。在一个闷热的夏天,突然下起了雷阵雨,家里没有其他人,母亲想起了在外面晒的已经被水打湿了的海盐,她慢慢地摸着墙壁去收海盐,突然一阵眩晕,从后面倒在地上,头被碰了一个大洞,殷红的鲜血不住地流,隔壁的人听见她的呼喊后,赶快把她从地上抱起来,送进医院缝了好几针。

可悲的事还在发生。一次父亲从芦山回来,说想吃些稀饭,母亲就坐在凳子上给父亲煮稀饭,稀饭开了,蒸气把锅盖顶起来,掉在地上,母亲弯下腰去拾,可失去重心跌在地上。当时还不怎么痛,可送进医院一查,右股骨严重骨折。在以后的三个月中,每天夜里,都听到她撕天裂地的痛苦喊叫

管理专业出身，在教育的路上，走过了30多个春秋，教育的激情永在，教育的情怀依旧。教天地人事，育生命自觉。一路走来，我始终在思考：教育人需要探索的东西很多，背负的责任很大，直面的问题很难。我们怎么面对时代挑战与承担教育使命？我想唯有不忘初心，不忘本色，怀揣梦想，以教育人的赤诚与情怀，勇于前行！

值这本书付梓出版之际，首先感恩我的母亲与父亲——郝国珍老大人和韩光忠老大人，是他们给我的教育人生奠定了底色，让我一生结缘教育；感谢我的妻子倪跃群女士、儿子韩迁，是他们的包容、理解，让我全身心地投入工作，也让我在疲倦、繁忙之时，皈依温馨的家之港湾；感谢对我一生事业发展鼎力支持与关心的深圳市委常委杨洪，龙岗区教育局老局长钟玉泉、杨刚勇、郎丰生、臧动，龙岗区教育督导室主任袁学锋；特别感谢北京师范大学顾明远教授百忙之中为我作序，感谢教育部小学校长培训中心主任、北京师范大学毛亚庆教授，北京师范大学教育学部培训学院、校长培训学院副院长李霆鸣教授为本书的出版所做的指导；感谢参与本书整理的丁左发、吴红剑、杨勇、范玉琪、张武进、杜天国、梁宏鑫、李科军、曹清富、余海斌、黄积才、潘娟以及为编辑和出版本书付出艰辛劳动的编辑朱永通与出版社的同志们。

2017.1.1

来到了深圳特区龙岗热土。不忘初心，迎潮而上。我担任了深圳龙城中学的副校长，参与深圳市第一个超大规模的现代化学校——龙城高级中学的筹建，见证了学校从一片荒原到深圳第一所全寄宿现代化高中，到市一级、省一级、国家示范高中，再到全市全区龙头学校的发展历程，创造了教育界的"深圳速度"。担任深圳龙城初级中学校长期间，我提出了"以人为本，为学生的人格和学力发展奠基，为学生的终身发展奠基"的办学理念，把"厚德、强能、塑美、求真"渗透在每个细节，让学校充满人文与人本情怀。办学实践告诉我：学校教育不仅要传授知识、培养能力，更要让每个人精神世界丰满，享受学习和创造的欢乐，充满激情与正能量。

2007年，区委区政府面向全区选拔区教育局副局长，通过公开考试，我从工作了近30年的教育一线调到教育行政管理岗位工作，分管过德育、教学、科研、计财、人事、信息化等几乎所有科室，先后参与主持了龙岗教育"十五""十一五""十二五""十三五"规划，聚焦办人民满意的教育，推进教育改革，构建龙岗现代教育治理体系，全力打造深圳教育新高地。目前，龙岗区已成为全市最大的教育行政区，规模大、体系全、发展快，特别是深圳国际大学园的快速崛起，基础教育国际化的推进，让人民群众对教育的多元化选择有了更直接的获得感。

近10年来，都说是龙岗教育跨越发展的黄金时期，其实也是新老问题的叠加期。作为民生之首，教育牵动着千家万户，努力办人民满意的教育，追求教育的优质与卓越，是我们教育人的永恒追求与理想。纵然时代不断进步、社会不断发展，纵然理想教育会随着人类的前行而不断繁衍延伸，但作为追寻理想教育的使者，必须明白教育本质就是让教育回归生活、回归幸福、回到普通而具体的人。正如苏霍姆林斯基所言，"没有也不可能有抽象的人"。唯有如此，教育理想才能成为真正的理想教育，才能成为永恒而神圣的事业，才如天上的星辰让人敬畏。因此，作为教育人，不管你身在何处、位居何职、走到何方都应怀揣着教育理想，以宗教般神圣而虔诚的教育情怀，把教育实践做得更好，回馈时代赋予的使命。

司马迁说："穷天人之际，通古今之变，成一家之言。"我是历史与教育

后　记
且行且思　不忘初心

青衣江畔，缙云山下，结缘教育，一生挚爱。

从教 30 余载，我从一个风华正茂的青年走到人生的花甲之年；从西南的雨城走到改革开放的特区深圳；从一名知青到教师，再到校长、教育局长，我一生与教育结缘，也把一生献给了教育。

1976 年，那是一个艰难困苦的年代，也是一段青春无悔的岁月。在四川大山的茶园里，条件非常艰苦，作为一名知青，记得从当地一位老者手里借得一部《史记》，便如获至宝。对知识的渴望、对历史的深思，时代赋予的艰难与激情，沉淀为 18 岁的青春记忆，启迪我在艰难的岁月里审慎思考人生、社会及未来前途。1978 年高考恢复，我有幸走进了西南师范大学，选择了师范，选择了历史专业，与教育的缘分仿佛冥冥之中注定。

大学毕业后，我回到了我的母校——四川省雅安中学。作为一名普通历史教师，深耕一线，担任班主任，走进学生心灵。十年的教师生涯，专业的积淀，管理的修炼，让我更加明白，教师不仅要有扎实学识，更要有理想信念、道德情操、仁爱之心。教师要把学生当成"活生生的人"，用激情点燃激情，用灵魂唤醒灵魂，尊重每一个人，尊重每一个学生的个性和发展。这种情怀鞭策着我不断追求着教育的理想。

我很庆幸生活在这个伟大的时代，一个教育发展的盛世。在 20 世纪的最后一年，我怀揣梦想，参加了竞争激烈的面向全国招考优秀校长的考试，

图书在版编目（CIP）数据

做可推广的教育 / 韩园林著 . —上海：华东师范大学出版社，2017
ISBN 978-7-5675-6493-0
Ⅰ. ①做… Ⅱ. ①韩… Ⅲ. ①教育学—文集 Ⅳ. ① G40-53

中国版本图书馆 CIP 数据核字（2017）第 105144 号

大夏书系·学校领导力

做可推广的教育

著　　者	韩园林
策划编辑	朱永通
审读编辑	任媛媛
封面设计	淡晓库

出版发行	华东师范大学出版社
社　　址	上海市中山北路 3663 号　邮编　200062
网　　址	www.ecnupress.com.cn
电　　话	021 - 60821666　行政传真　021 - 62572105
客服电话	021 - 62865537
邮购电话	021 - 62869887　地址　上海市中山北路 3663 号华东师范大学校内先锋路口
网　　店	http://hdsdcbs.tmall.com

印 刷 者	北京密兴印刷有限公司
开　　本	700×1000　16 开
插　　页	1
印　　张	13
字　　数	200 千字
版　　次	2017 年 7 月第一版
印　　次	2017 年 7 月第一次
印　　数	6 100
书　　号	ISBN 978 - 7 - 5675 - 6493 - 0 / G · 10372
定　　价	35.00 元

出 版 人	王 焰

（如发现本版图书有印订质量问题，请寄回本社市场部调换或电话 021-62865537 联系）

倘若说他的教育思考源自厚实专业、实践经历,那对教育的宏观把握与国际视野,不得不说源于他的教育情怀与实践智慧。从区域教育发展的顶层设计、教育改革的实践路径、基础教育优质发展方向,到域外教育的比较、教育国际化发展新思路、职业教育的再认识,再到区域教育治理现代化的龙岗路径,逐层深入,精彩迭现。涉及教育领域的方方面面,内容涵盖各层次各方向。每篇文章都是一个全新命题,都是一个涉及区域全局与未来发展的大问题。大问题需要大思考,大思考需要大智慧,大智慧需要大气象、大格局。韩园林以整体的布局、宏观的视野、长远的眼光,凭借着对得起历史、无愧于时代的担当与责任,凝练思考,聚焦现实,探寻教育的本质,谋划教育的发展。最终,办成了承担起城市定位,让人民满意的龙岗教育。

教育是一个古老的话题,也是一个永恒的话题。作为教育者的行与思,应富有独特的精神世界,对教育本质的理解和感悟,应在一定的时代与区域,特别是在深圳市最大的教育行政区内,留下团队和个人的独特印记。作为教育同行人或旁观者,其实,我们更要理解行思背后、文字背后的教育使命与生命情怀!

朱永通
2016 年 12 月 27 日

编辑手记

悠悠三十载，拳拳赤子情。这是一部浸染着生命激情的教育论著，也是一部充满着教育情怀的行思录。这部书分上中下三编，分别记录着韩园林的教师、校长、局长三段不同人生历程中教育的步履与思索。虽然角色变换、地域转换，但他对教育的一往情深与拳拳赤诚始终跃然纸上，他的教育智慧、教育改革，洋溢在字里行间，这不单是个人的思考实践，也是区域教育发展的历史见证与经验宝藏。

韩园林行思笔录始终孜孜不忘对人才的培养、对教育前沿的思考、对改革创新的探索，思想一脉相承、螺旋递进、系统全面，闪耀着教育智慧的光芒。如在20世纪80年代，他就提出"迎接知识经济时代如何培养学生的创造、创新能力""在社会主义市场经济条件下加速中学教育改革"等问题。虽自谦为修炼与积淀，但植入时代背景，不难发现他是在思索时代赋予的人才创新培养的重大命题。随后，在办学实践中，他紧扣社会新形势，直面传统道德的冲击和挑战，带领团队开展德育研究，构建"厚德教育"新模式。对全寄宿现代化新型高中规划建设发展，他更是进行了深入全面的思考，提出"大、高、新、美"为特点的新世纪窗口式、示范性发展思路。不得不说，这是顶层设计缜密、规划规格超前的大手笔，而之后深圳市龙城初级中学的优质发展，也证明了他对区域教育发展的研究和管理的专业性与前瞻性。